Robert Collomb

DER Flamenco GITARRIST

mit DVD

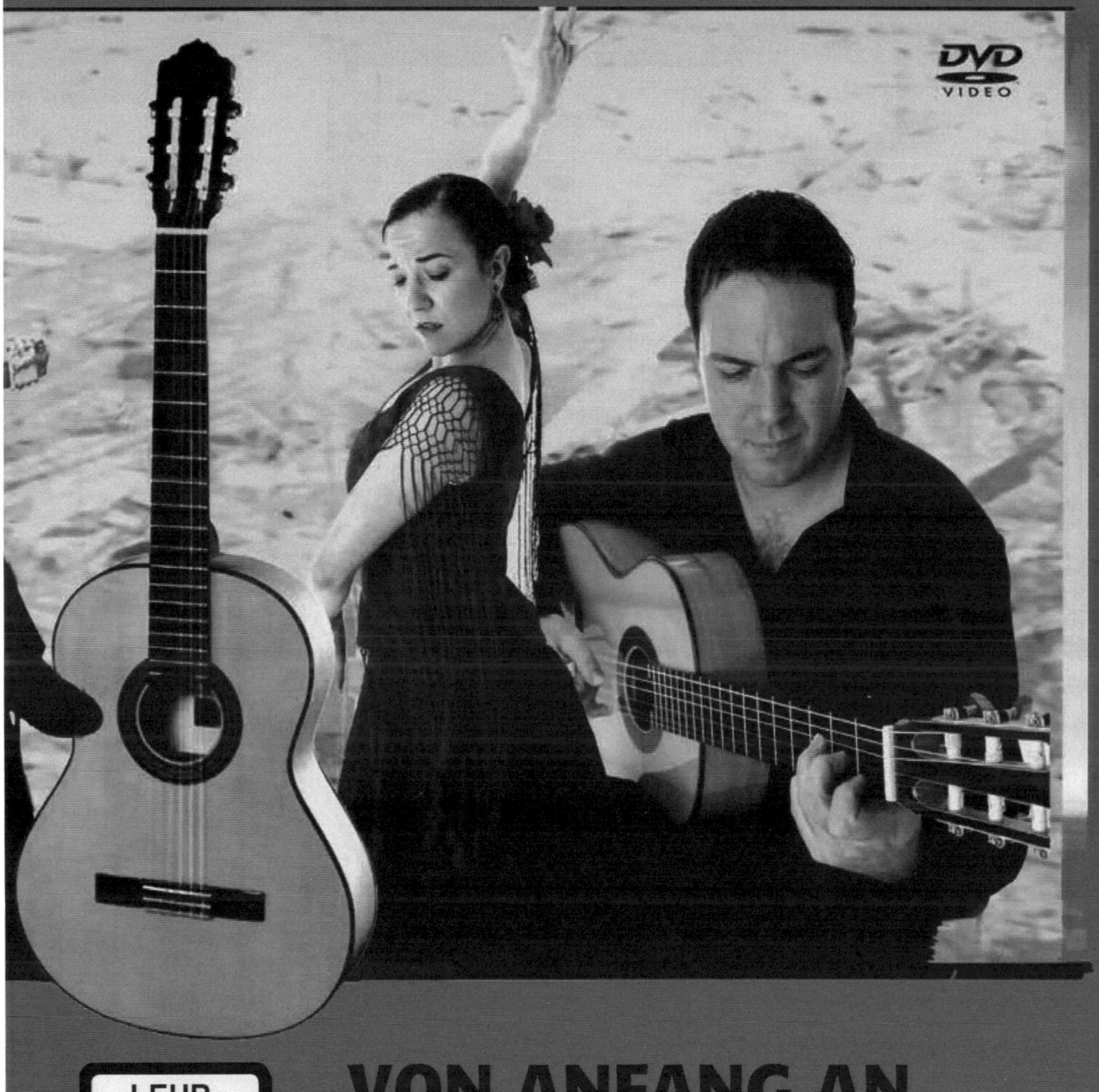

VON ANFANG AN

LEHR-
Programm
gemäß
§ 14
JuSchG

Alfred

Robert Collomb,
geboren in Winnipeg (Manitoba, Kanada), arbeitete bereits mit 16 Jahren als Profimusiker. Seine Leidenschaft und Neugierde für die Musikkultur brachte ihn dazu, sich in Madrid und Sevilla in Flamencogitarre auszubilden. Seit sieben Jahren lebt und unterrichtet er Gitarre in Würzburg. Dort ist er in der jährlichen Organisation des Würzburger Flamencofestivals tätig. Desweiteren ist er Gründer und Leiter der Festivalprojektgruppe „Musicultura Ibérica" und der Flamenco-Formation „Fiesta Andaluza" (www.myspace/RobCollomb).

Copyright © 2010 **Alfred** Music Publishing GmbH, Köln
All Rights Reserved
Coverdesign: ff-m musicproduction, Ferdinand Foerster
DVD-Recording und Authoring: ff-m musicproduction, Ferdinand Foerster
Illustrationen: James R. Asher, Ontario, Canada
Lektorat, Layout, Gesamtleitung: Thomas Petzold
Übersetzt aus dem Englischen von: Klaus Honzik und Mercedes Sebald

Printed in Germany

Sämtliche Teile dieses Buchs, dessen Inhalt sowie alle Kompositionen und Bearbeitungen in diesem Buch sind urheberrechtlich geschützt. Ohne ausdrückliche Genehmigung des Verlages ist es nicht gestattet, das Buch bzw. die beiliegende DVD ganz oder in Teilen zu vervielfältigen.
Auch die Übertragung einzelner Kompositionen, Bearbeitungen, Abschnitte, Zeilen, Fotos und Diagramme ist – mit Ausnahme der in § 53,54 URG genannten Sonderfälle – nicht ohne vorherige schriftliche Zustimmung des Verlages und der Copyrightinhaber zulässig.
Dies gilt für alle Vervielfältigungsverfahren, Fotokopien, Filme, Folien und auch elektronische sowie digitale Medien.

Art.-Nr. 20148G
ISBN-13: 978-3-933136-73-2

Vorwort

Endlich ein Flamenco-Buch für absolute Flamenco-Anfänger und Neueinsteiger! Lerne, wie man Flamencotanz und -gesang mit nur vier Akkorden begleitet. Denn die großen Flamencogitarristen haben auch nicht mit komplizierten Gitarrenriffs in einem unmenschlich schnellen Tempo begonnen. Sie fingen alle in der Familie an, ein paar einfache Akkorde zu spielen und mit Freunden und Verwandten Spaß an der Musik zu haben. Will man Flamenco wirklich verstehen, sollte man seine wunderschönen Lieder und Tänze lernen, deren Harmonie und Struktur im Grunde genommen recht einfach sind.

Strukturen, dialogisches Zusammenspiel und rhythmische Akzente sind von zentraler Bedeutung. Noten allein können dies oft nicht befriedigend ausdrücken. Wie im Jazz oder Blues erlauben die Struktur und der Dialog des Flamenco frei und spontan zu improvisieren. Was sind aber die Grundlagen? Wie funktioniert Flamenco? Die Antworten gibt dir „Der Flamenco Gitarrist".

In fünf Kapiteln wird dir die Flamencotechnik (Golpe, Rasgueado, Picado, Abanico u.v.a.) anhand der stiltypischen Lied- und Tanzrhythmen (3er und 4er Compás, Farruca, Tangos, Sevillanas und Rumba) schrittweise nahe gebracht.

Flamencotechnik
Gitarristen aller Musikrichtungen sind von der Genialität der Flamencogitarre fasziniert. Keiner lernt neue Techniken von heute auf morgen. Dieses Buch erklärt die verschiedenen Techniken für rechte und linke Hand vom Golpe über Apoyando, Picado, Abanico und Rasgueado bis hin zum Ligado und Palo Seco und bietet Übungen, diese von Grund auf zu entwickeln.

Liedstruktur
Flamenco basiert auf Liedern und Rhythmen, die alle eine grundlegende Struktur aufweisen: Vom Compás und der Andalusischen Kadenz über Tangos, Farruca, Sevillanas und Rumba bis hin zu einzelnen Formteilen wie Falseta, Copla, Escobilla, Lllamada, Corte u.v.m. Einzigartig ist die Rolle, die der Tanz einnimmt. Wie man Tanz und Gesang begleitet, wird hier detailliert beschrieben und auf beiliegender DVD demonstriert.

Repertoire
Jedes Kapitel schließt mit einem kompletten Flamenco-Vortragsstück, das ich dir zusammen mit Sängerin und Tänzerin *live* auf der beiliegenden DVD aufgenommen habe. Die sieben verschiedenen, in diesem Buch enthaltenen Flamencostücke mit Texten und Melodien sind somit auch für Sänger und Tänzer interessant und können eins zu eins zum Vortrag gebracht werden.

DVD
Darüber hinaus werden auch alle Spieltechniken in bewegtem Bild und Ton auf der DVD sichtbar gemacht. „Der Flamenco Gitarrist" richtet sich damit sowohl an Anfänger mit Vorkenntnissen als auch an Fortgeschrittene, die hier traditionelle und neue Flamencokompositionen für ihr Vortragsrepertoire finden.

Es gibt für alles einen einfachen und einen schwierigen Weg, auch beim Erlernen des Flamenco. Mit „Der Flamenco Gitarrist" entscheidest du dich für den einfachen. Ich wünsche dir viel Spaß und gutes Gelingen mit „Der Flamenco Gitarrist"!

Mein besonderer Dank gilt:
Matthias Phillipzen für seinen konstruktive Kritik, Ferdinand Förster für sein technisches Know-How, Joe Ehrhardt für seinen unermüdlichen Einsatz, James R. Asher für seine unvergleichlichen Illustrationen und Thomas Petzold für sein „sehendes Auge".

Vielen Dank auch an meine Frau, die mich inspirierte, Flamencogitarre zu lernen.

Robert Collomb

Inhalt

Vorwort 3
Kapitel 1 Die Grundlagen des Flamencospiels 4
    Die Haltung 6
    Notationserläuterungen 7
    Flamencotechniken 8
        Golpe 8
        Apoyando 8
        Picado 9
        A Palo Seco 10
        Akkorde 10
        Arpeggio 11
        Ligado 11
        Rasgueado 12
        Abanico 12
        Harmonien - Akkordfolgen 13
        Der Kapodaster 13
        Palos 14
        Compás 14

Kapitel 2 Tangos de Triana 15
    Tangos Compás 16
    „Por medio"-Position 16
    Falseta 18
    Llamada & Corte 18
    Copla 19
    Falseta & Escobilla 21
    Subida 23
    Tangos de Triana 25

Kapitel 3 Farruca 31
    Farruca Compás 32
    „Por arriba"-Position 32
    Respuesta 33
    Llamada 34
    Copla 35
    Falseta & Escobilla 36
    Subida 37
    Farruca 38

Kapitel 4 Sevillanas 43
    Sevillanas Compás 44
    „Por medio"-Position 44
    Llamada 46
    Copla 47
    Refrain 48
    Salida 48
    Luna Y Romero 49

Kapitel 5 Variationen 55
    Tangos Compás Variation 56
    Rumba 57
    Tangos Falseta Variation 58
    Sevillanas del siglo XViii (para bailar) 60
    El Adiós 66
    Tangos de Granada 71

Kapitel 1
Die Grundlagen des Flamencospiels

Die Grundlagen

DVD Basics 1.1 — Die Haltung

Grundsätzlich wird im Flamenco die Gitarre nicht auf dem linken, sondern auf dem *rechten Oberschenkel* positioniert. Oft wird die Position der Gitarre dadurch erhöht, dass man das rechte über das linke Bein schlägt oder auf einen kleinen Schemel stellt. Wähle die für dich bequemste Stellung. Eine gute Haltung erleichtert das Spielen.

Die Gitarre auf dem rechten Oberschenkel

Die Handhaltung

Die linke Hand

Bei der Haltung der linken Hand kann man sich vorstellen, einen Tennisball zu halten.
Lass zunächst deinen linken Arm locker hängen. Hebe nun den Arm ohne die Fingerposition zu verändern und greife um den Hals. Der Daumen befindet sich mittig auf der Rückseite des Halses. Die Finger zeigen senkrecht auf das Griffbrett und berühren leicht die Saiten.

Die rechte Hand

Der Oberarm ruht auf dem Korpus, der Unterarm und die Hand hängen locker nach unten. Bewege nun ohne die Position der Hand zu verändern den Unterarm zum Schallloch und positioniere deinen Daumen auf die sechste Saiten rechts neben das Schalloch. Die übrigen Finger hängen locker nach unten.

DVD Basics 1.3 — Voicing – Melodiespiel

Die linke Hand

Die *Finger der linken Hand* sollen immer senkrecht zum Griffbrett sein. Der *Daumen* bewegt sich bei Positionswechsel mit. Die linke Hand sollte sich nie zu weit von den Saiten wegbewegen.

Die rechte Hand

Alle Bewegungen der *rechten Hand* kommen aus dem *Handgelenk* und nicht aus dem Unterarm. Vermeide es, die Finger auf die Gitarrendecke zu stützen.

Greife mit den Fingerspitzen.   *Stütze den Daumen der rechten Hand auf der 6. Saite ab.*

Die Fingernägel

Beim Flamencospiel ist es nicht erforderlich, – wie beim Spiel der klassischen Konzertgitarre – lange Fingernägel an der Anschlaghand zu haben. Die Nägel sollten nicht über die Fingerkuppe hinauswachsen und rund gefeilt sein.

Notationserläuterungen

- A / ▦ = Akkordsymbol
- ▦ = Akkordgriffdiagramm
- ▛ = Abschlag
- V = Aufschlag
- □ = Golpe, vgl. S. 8
- ▆ = Tabulatur (T A B)
- ─0─ = 1. Saite, leer
- ─2─ = 2. Saite, 2. Bund
- ─2─ = 3. Saite, 2. Bund
- ─2─ = 4. Saite, 2. Bund
- ─0─ = 5. Saite, leer
- ─── = 6. Saite
- > = Akzent, Betonung

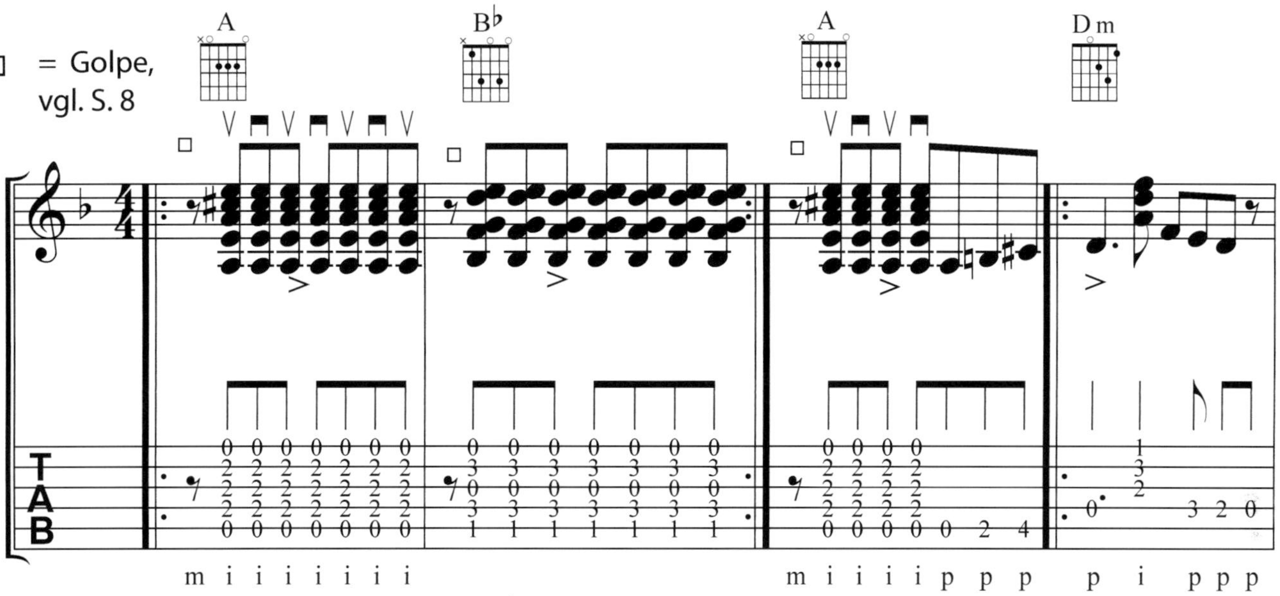

Die Finger der linken Hand

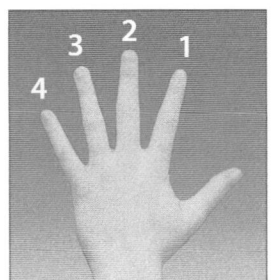

Die Finger der linken Hand werden auf der DVD und im Buch wie folgt bezeichnet:

1 – Zeigefinger
2 – Mittelfinger
3 – Ringfinger
4 – kleiner Finger

Die Finger der rechten Hand

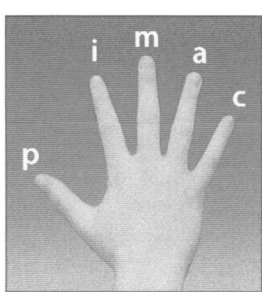

Die Finger der rechten Hand werden so bezeichnet:

p – Daumen
i – Zeigefinger
m – Mittelfinger
a – Ringfinger
c – kleiner Finger

Der Abschlag

 Eine Bewegung der Finger bzw. Hand *nach unten* wird mit diesem Symbol angezeigt.

Der Aufschlag

 Eine Bewegung *nach oben* wird mit diesem Zeichen dargestellt.

Flamencotechniken

Golpe

Das spanische Wort *Golpe* bedeutet Klopfen. Lege die linke Hand auf die Saiten, um sie abzudämpfen. Der Daumen stützt sich auf die sechste Saite, die übrigen Finger hängen locker nach unten.

 Basics 1.2

Das „i-Finger-Golpe"

Krümme *Zeigefinger* „i" und positioniere das erste Fingerglied gegen die Innenseite des Daumens. Schnippe nun den Zeigefinger nach unten. Klopfe dabei mit dem Fingernagel auf die Gitarrendecke oberhalb der Saiten. Es ist zunächst nicht wichtig, alle Saiten anzuschlagen, der Effekt und die Bewegung stehen im Vordergrund. Dies bezeichnet man als „i-Finger-Golpe".

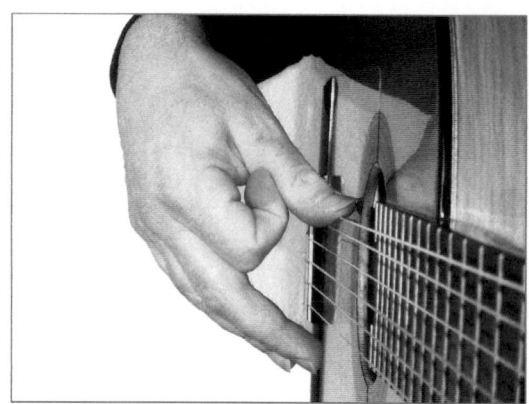

Schnippe den Zeigefinger („i") nach unten.

Das „m-Finger-Golpe"

Beim „m-Finger-Golpe" klopft der *Mittelfinger* „m" unterhalb der ersten Saite senkrecht auf die Gitarrendecke (ohne eine Saite anzuschlagen).

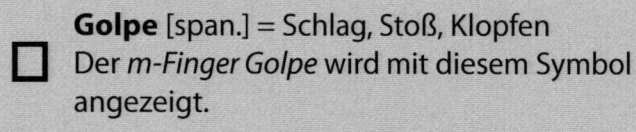

Golpe [span.] = Schlag, Stoß, Klopfen
Der *m-Finger Golpe* wird mit diesem Symbol angezeigt.

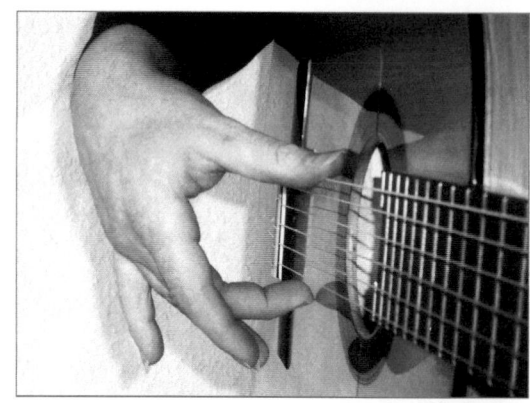

Der Mittelfinger („m") klopft auf die Decke.

 Basics 1.4

Der Apoyando-Daumenanschlag (Der angelegte Anschlag)

Apoyando
[span.] = aufgestützt, angelehnt

Apoyando nennt man den angelegten Anschlag.
Das bedeutet, dass der *Daumen* beim Flamenco nach dem Anschlag einer Saite an der benachbarten Saite abgebremst und angelegt wird.

Übung 1 Apoyando

Stütze den Daumen auf die 6. Saite. Drücke nun die Saite schräg nach unten um den nötigen Druck aufzubauen damit die der Daumen auf die nächste Saite rutscht usw.

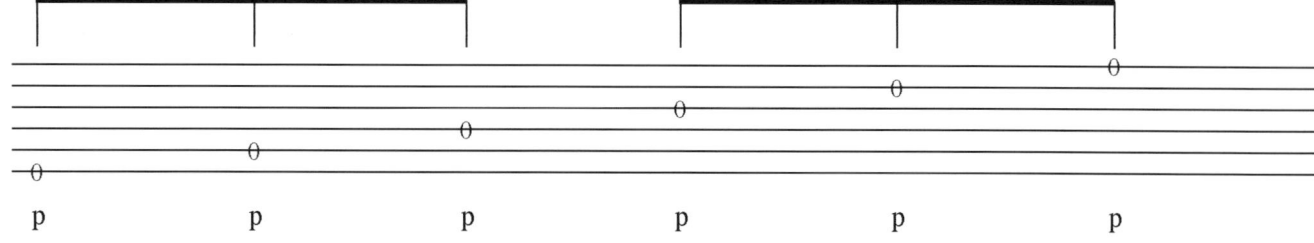

Kapitel 1 • Die Grundlagen des Flamencospiels

Übung 2 Apoyando

Schlage nun wie oben beschrieben jede Saite vier Mal an, während du mit der *linken Hand* aufsteigend vom ersten bis zum vierten Bund mit den Fingern 1, 2, 3 und 4 greifst. Lass den jeweiligen Finger nach dem Greifen auf der Saite liegen. Erst wenn der 4. Bund gegriffen wurde, entferne alle Finger auf einmal.

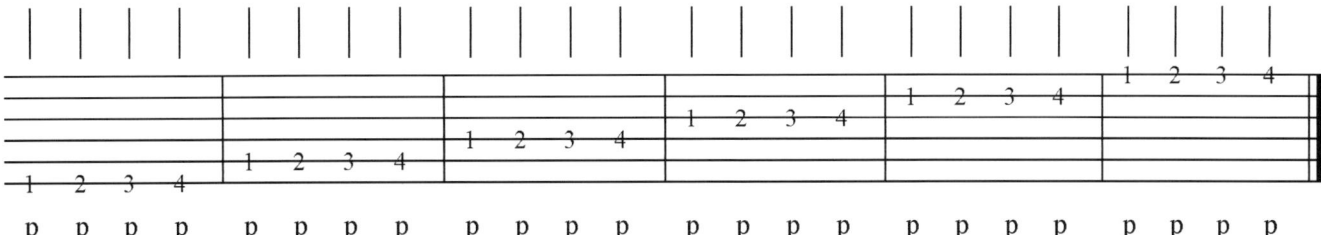

Der Picado-Fingeranschlag

Prinzipiell benutzt man beim *Picado* einen Wechselschlag mit den Fingern „i" und „m". Drücke die Saite mit der Fingerkuppe nach innen und baue dabei Spannung und Druck auf. Lass die Saite über Finger und Nagel abrutschen. Wie beim *Apoyando* soll der Finger der rechten Hand nach dem Anschlagen auf der benachbarten Saite liegen bleiben (außer beim Spielen der 6. Saite). Hat man eine Saite mit *Zeigefinger* „i" gezupft, bleibt dieser auf der darüber liegenden Saite liegen, während *Mittelfinger* „m" bereits den nächsten Ton spielt.

Der Zeigefinger („i") legt an.

Nach dem zweiten Ton liegen nun beide Finger, „i" und „m", nebeneinander auf der oberen Saite. Wie beim Gehen immer mindestens ein Bein auf dem Boden ist, sollte beim Picado immer mindestens ein Finger auf einer Saite ruhen.

Spiele die **Übung 1** wie beim *Apoyando*, verwende aber Finger „i" und „m" im Wechselschlag und spiele jede Note vier Mal.

DVD Basics 1.5

Übung 1 Picado

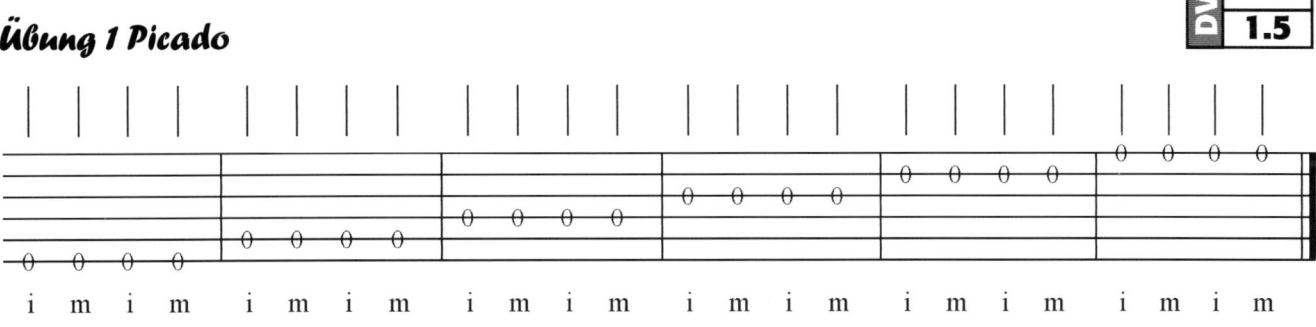

Übung 2 Picado

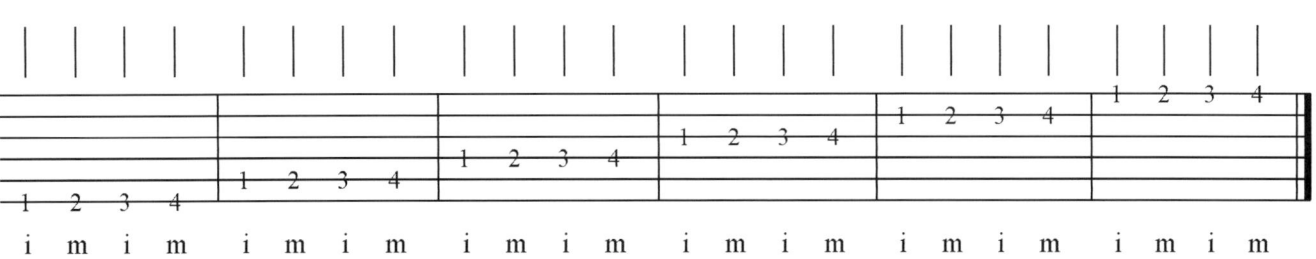

A Palo Seco – Trockenes Spielen

DVD Basics 1.6

Lege die Finger der linken Hand auf die Saiten, um sie abzudämpfen. Schlage die Saiten jetzt mit *Zeigefinger* „i" abwechselnd in einer Auf- bzw. Abwärtsbewegung an. Dieser Effekt ist im Flamenco sehr beliebt und wird oft angewandt.

> **Seco**
> seco [span.] = trocken
> Das Abdämpfen der Saiten mit der linken Hand.

Übung 1 Palo Seco

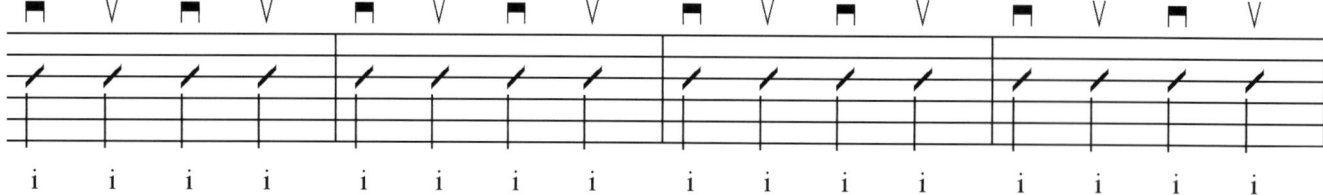

Akkorde

Die linke Hand

Wie beim *Voicing* (Melodiespiel, vgl. S. 6) befindet sich der *Daumen* mittig auf der Rückseite des Halses, die Finger greifen senkrecht auf das Griffbrett.

Die rechte Hand

Akkorde können mit dem Daumen oder Finger „i" gespielt werden. Finger „i" schlägt die Saiten im rechten Winkel in Auf- und Abwärtsbewegungen an, wie auch in der *Palo Seco* Übung beschrieben. Der Anschlag muss hart und exakt erfolgen. Ein weiches Durchstreichen sollte vermieden werden.

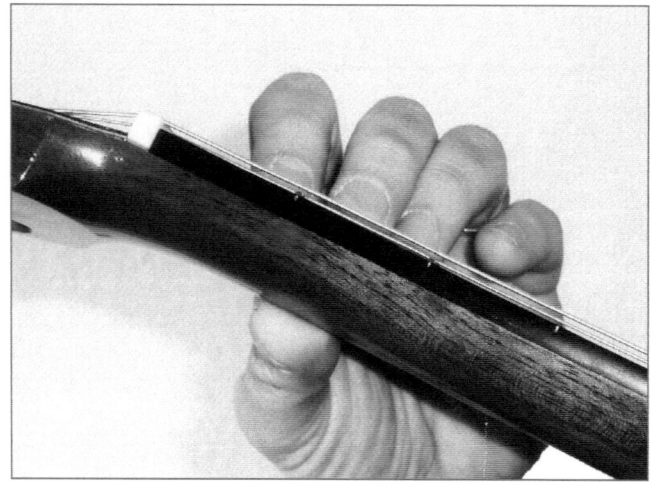

Der Daumen befindet sich mittig auf der Hals-Rückseite.

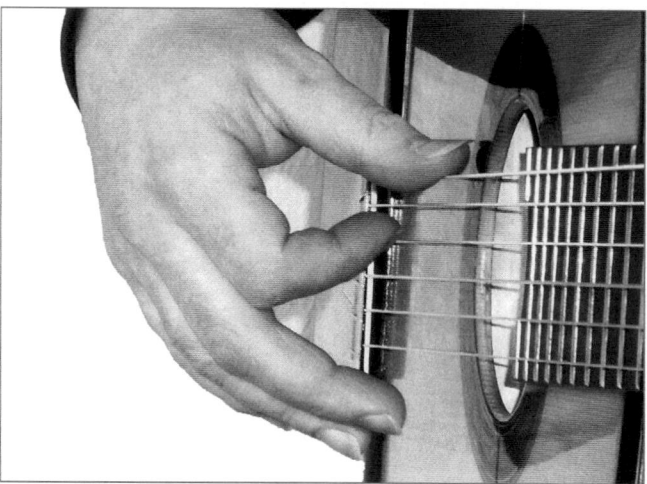

Zeigefinger („i") schlägt die Saiten im rechten Winkel an.

Akkordübung

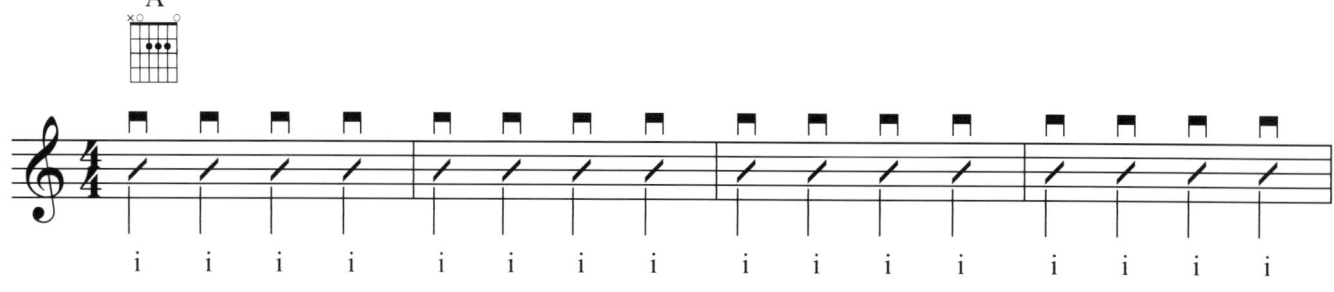

Kapitel 1 • Die Grundlagen des Flamencospiels

Arpeggio – Akkordzerlegung

 Basics 1.7

Beim Arpeggiospiel werden die Noten eines Akkordes – wie auf einer Harfe – einzeln *nacheinander* gespielt. Eine gute Technik, die man als *Planting* bezeichnet, ist es, alle Finger der rechten Hand gleichzeitig auf die jeweiligen Saiten aufzusetzen, anstatt die Finger frei hängen zu lassen. Für dieses Arpeggio benutzen wir zunächst den Daumen und dann die Finger „i" - „m" - „a". Weitere nützliche Arpeggio-Übungen finden sich in dem Technikwerk für Gitarristen *Pumping Nylon* von Scott Tennant (ISBN-13: 978-3-933136-04-6).

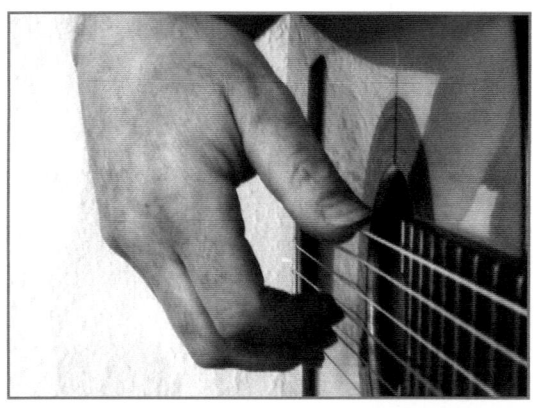

Planting = alle Finger setzen gleichzeitig auf.

Arpeggio Übung

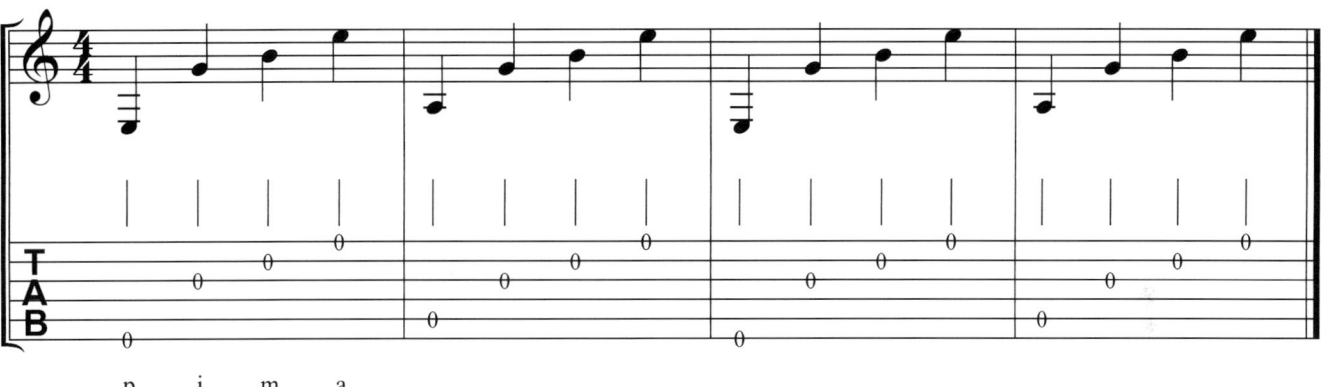

p   i   m   a

Ligado – Legato

Basics 1.8

Beim *Ligado* werden die Finger mit Schwung auf die Saite und das Griffbrett aufgesetzt bzw. von der gegriffenen Saite abgezogen und somit ein Ton erzeugt. Man bezeichnet dies auch als *Hammering-on* bzw. *Pulling-off*.

> **Ligado** [span.] = verbinden
> Die Töne werden aneinander gebunden, ohne neu anzuschlagen.

Hier ist eine kurze Übung, um ein Gefühl für die richtige *Ligado*-Technik zu entwickeln.

Schlage die leere e-Saite mit der *Apoyando*-Technik an, setze den *Zeigefinger* „1" auf den ersten Bund, ohne mit der rechten Hand anzuschlagen (*Hammering-on*). Ziehe dann den *Zeigefinger* „1" wieder ab, damit das „e" wieder erklingt. So werden drei einzelne Töne mit nur einer Fingerbewegung erzeugt.

Übung 1 Ligado – Legato

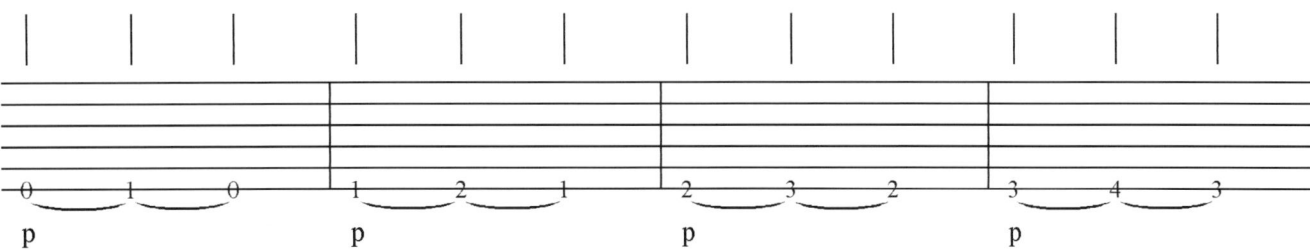

Übung 2 Ligado – Legato

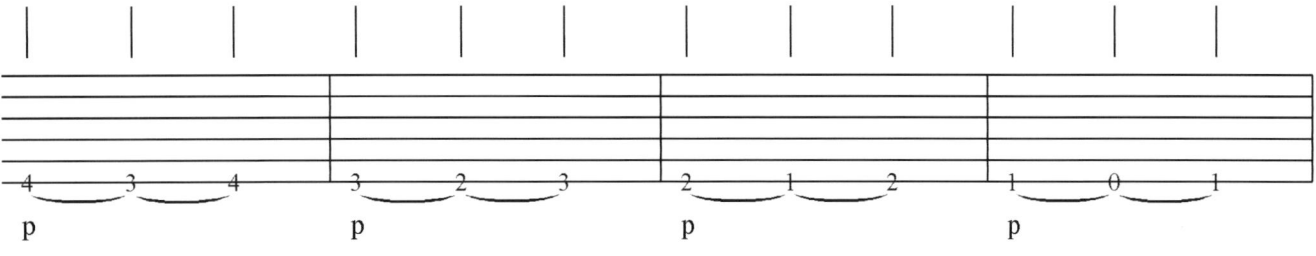

Rasgueado

Als *Rasgueado* bezeichnet man flamencotypische Techniken, bei denen die Finger der rechten Hand die Saiten perkussiv anschlagen. Es gibt eine ganze Reihe von Rasgueado-Arten, wobei wir uns in diesem Buch auf zwei Techniken konzentrieren: den *Vierfinger-* und den *Dreifinger-Rasgueado*.

Beim *Vierfinger-Rasgueado* bleibt der *Daumen* auf der 6. Saite liegen. Die Finger „i", „m", „a" und „c" sind wie bei einer Faust zur Innenseite der Hand eingeklemmt. Finger „i" stützt sich gegen die Innenseite des Daumens. Lass nun die Finger einzeln, beginnend mit Finger „c", aus der Handinnenseite herausschnippen und die Saiten anschlagen. Wichtig ist, dass der Akzent auf dem letzten Schlag (Finger „i") liegt, wobei gleichzeitig ein *Golpe* erfolgt. Die einzelnen Anschläge müssen kurz und hart sein. Das verleiht dem *Rasgueado* seinen typischen kräftigen und präzisen Charakter.

Spiele die folgende Übung als *Palo Seco*, also mit der linken Hand abgedämpft.

Vierfinger-Rasgueado Übung

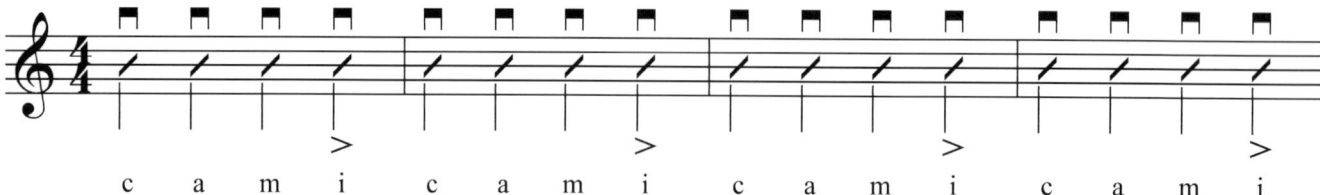

Ein *Dreifinger-Rasgueado* ist dem Vierfinger-Rasgueado ähnlich, nur eben mit drei Fingern, „a", „m" und „i", gespielt. Spiele die folgende Übung als *Palo Seco*.

Dreifinger-Rasgueado Übung

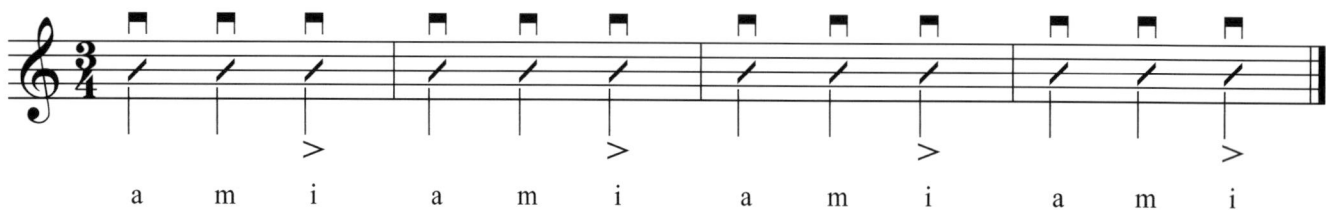

Abanico (Fächer)

Krümme die Finger „i", „m", „a" und „c" zu einer lockeren Faust. Der *Daumen* ist leicht gestreckt. Wie beim Wedeln eines Fächers bewegt sich die Hand in einer leichten Drehbewegung auf und ab. In der Abwärtsbewegung schlagen die Finger die Saiten an und in der Aufwärtsbewegung der *Daumen*. Man spielt mit *Abanico* meist Triolen, d. h. jeder dritte Anschlag wird betont. Übe die *Abanico*-Technik zunächst mit abgedämpften Saiten.

> **Abanico** [span.] = Fächer
> Drehbewegung der Hand wie beim Wedeln eines Fächers.

Übung – Abanico

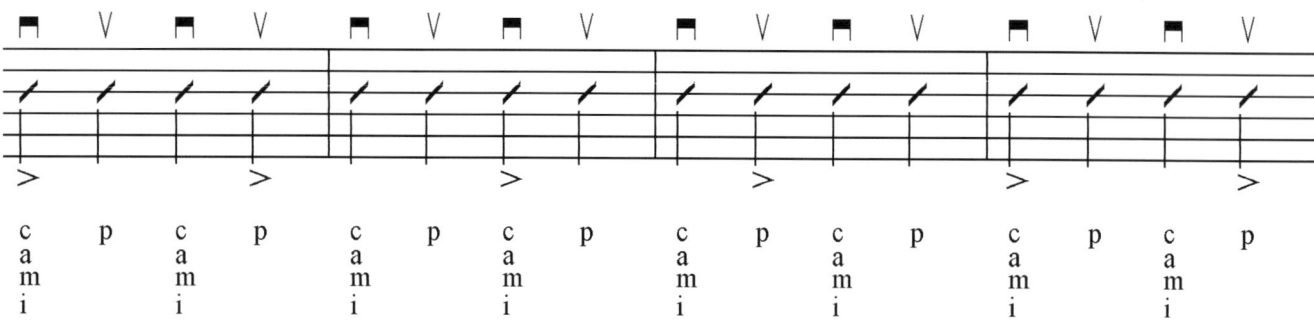

Übe diese Technik ausführlich, bevor du mit dem nächsten Kapitel fortfährst. Außerdem solltest du diese Technik in dein tägliches Übungsprogramm aufnehmen.

Kapitel 1 • *Die Grundlagen des Flamencospiels*

Harmonien – Akkordfolgen

Lass uns nun mit den flamencotypischen Akkordfolgen vertraut machen.

Die „Andalusische Kadenz" in C

Vieles im Flamenco basiert auf der sogenannten „Andalusischen Kadenz", die in der Tonart C, bzw. der parallelen A-moll-Tonart, folgender Akkordfolge entspricht:

Außerdem basiert jedes Stück auf zwei Akkorden, die meistens auf der dritten und vierten Stufe der Tonart gebildet werden. In der Tonart Am sind das die Akkorde E und F.

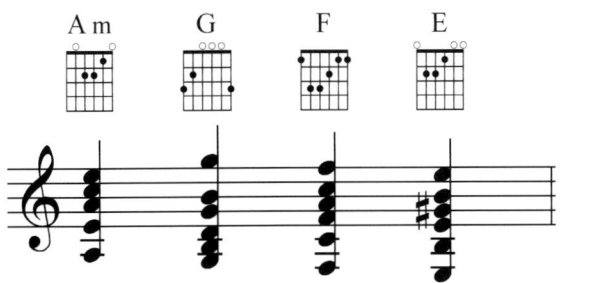

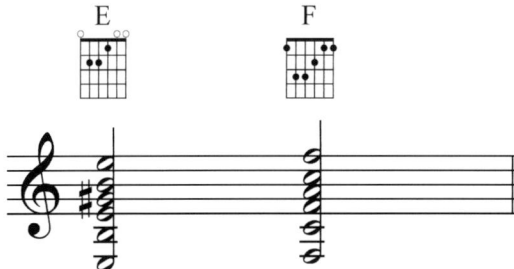

Die Andalusische Kadenz bzw. die zwei Grundakkorde werden in zwei unterschiedlichen Positionen gespielt:

Tonart C (Moll-Parallele Am):
„por arriba" (oben)

Grundakkorde E und F
Kadenz: Am, G, F, E

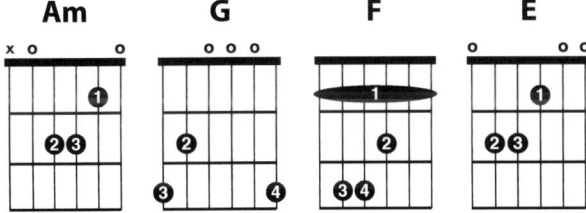

alternativ:

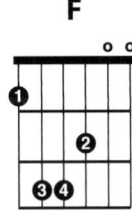

Tonart F (Moll-Parallele Dm):
„por medio" (in der Mitte)

Grundakkorde A und Bb
Kadenz: Dm, C, Bb, A

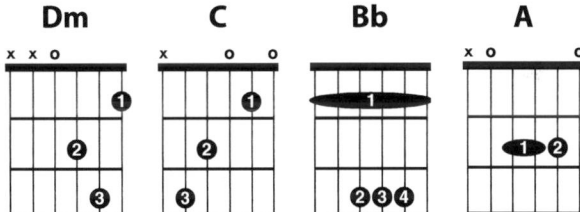

alternativ:

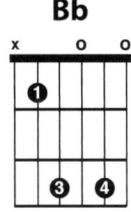

Lerne diese Akkorde, damit du die nächste Schritte ohne Probleme erlernen kannst. Ein Tag üben sollte bereits genug sein.

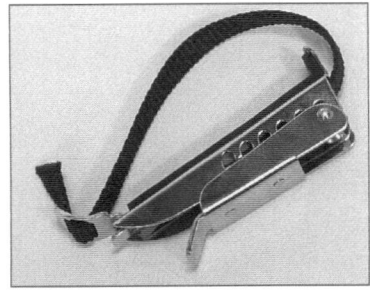

Der Kapodaster

Da im Flamenco oft mit *Kapodaster* gespielt wird, beziehen sich die Akkordbezeichnungen auf das Griffmuster.
Der Kapodaster wird eingesetzt, um sich der Stimmlage des jeweiligen Sängers anzupassen, ohne dabei Akkorde transponieren zu müssen.
In diesem Buch und auf der DVD verwenden wir in allen Songs den Kapodaster im 4. Bund.

Palos – Grundform

In der Flamencotradition gibt es keine individuell komponierten Stücke, als vielmehr Grundformen, auf denen die Lieder, Choreografien und Kompositionen aufbauen. Jede dieser Grundformen, die man *Palos* nennt, drückt dabei eine bestimmte Emotion oder ein besonderes Gefühl aus. Einer dieser Palos, *„Soleares"*, hat beispielsweise die Einsamkeit, ein anderer, *„Alegria"*, die Freude zum Thema. Der rudimentärste Teil eines Palos ist der *„Compás"*.

> **Palos**
> [span.] = Stock, Grundform

Compás – Der Taktschlag

Der *Compás* ist die grundlegendste Komponente des Flamenco. Es handelt sich dabei um eine rhythmische Einheit, auf der alle Flamencostücke aufgebaut sind. Der *Compás* kann aus 4/4- oder 3/4-Takten bestehen. *Palos im 4/4-Takt* bezeichnet man als *„Vierer Compás"*.

> **Compás**
> [span.] = Takt, Taktschlag

Betonung

Jeder *Compás* hat eine spezielle rhythmische Betonung. Beim Vierer Compás liegt die Betonung beispielsweise auf der *ersten Viertel* jedes Takts.

„Vierer Compás"

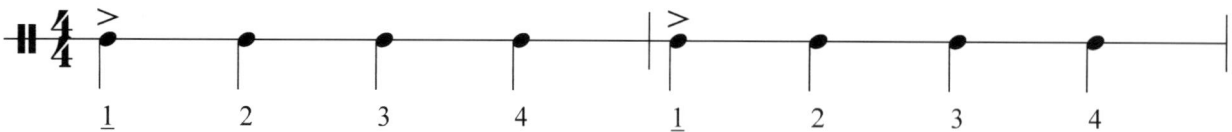

Palos im 3/4-Takt bezeichnet man als *Zwölfer Compás*, wobei die 3., 6., 8., 10. und 12. Viertel der aus 4 Takten bestehenden Grundeinheit betont, d.h. stärker angeschlagen wird.

„Zwölfer Compás"

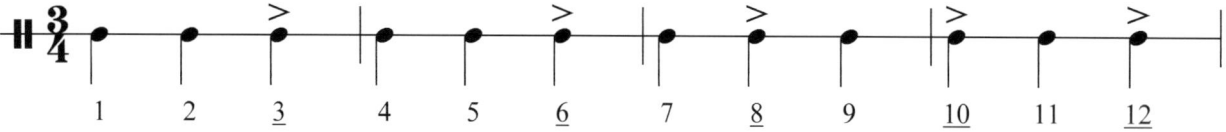

Kapitel 2
Tangos de Triana

Tangos de Triana

Tangos de Triana ist ein fröhlich beschwingter *Palo*, der oft bei Fiestas gespielt wird und nichts mit dem argentinischen Tango gemein hat. Der Flamenco-Tango hat seine Wurzeln in der nordafrikanischen Musik und im kubanischen Rumba.

Tangos haben einen *Vierer-Compás*, der aus zwei 4/4-Takten besteht. Versuche zunächst, den folgenden Tangos Compás zu klatschen. Betone den 1. und 5. Schlag.

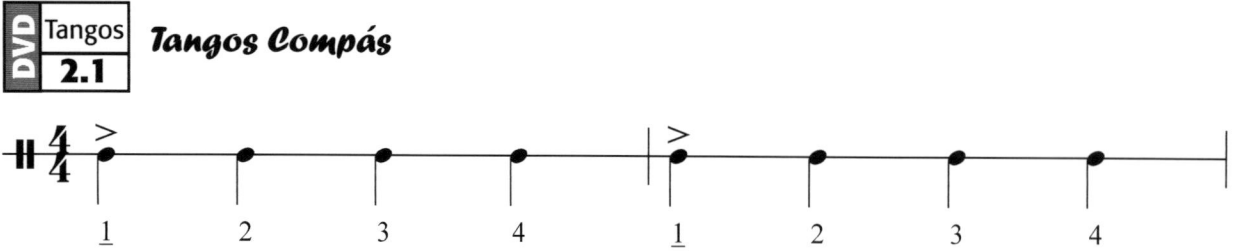

Meistens werden Tangos in der Position *„por medio"* gespielt und umfassen folgende Akkorde:

„Por medio"-Position

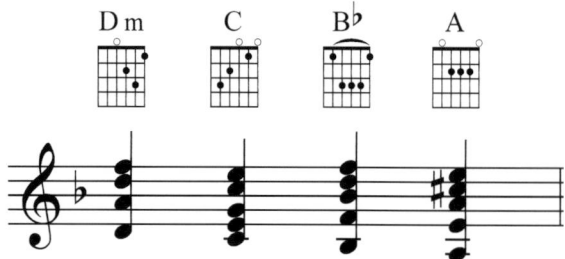

Übung 1 Teil A

Greife einen A-Akkord. Schlage die Saiten mit Finger „i" acht Mal in einer Abwärtsbewegung an. Betone den 1., 5. und 8. Schlag mit einem „i"-Finger-*Golpe*.

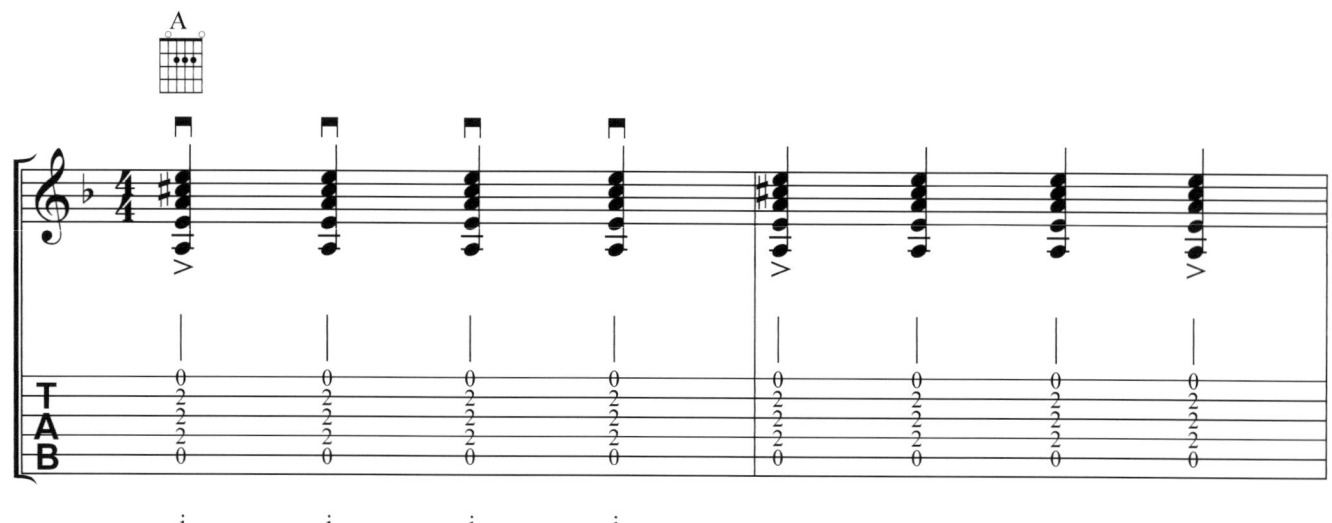

Übung 1 Teil B

Spiele nach jedem Abwärtsschlag einen Aufwärtsschlag ebenfalls mit Finger „i". Spiele den ersten Abwärtsschlag mit einem *Golpe*. Betone zudem den zweiten Aufwärtsschlag (allerdings *ohne Golpe*).

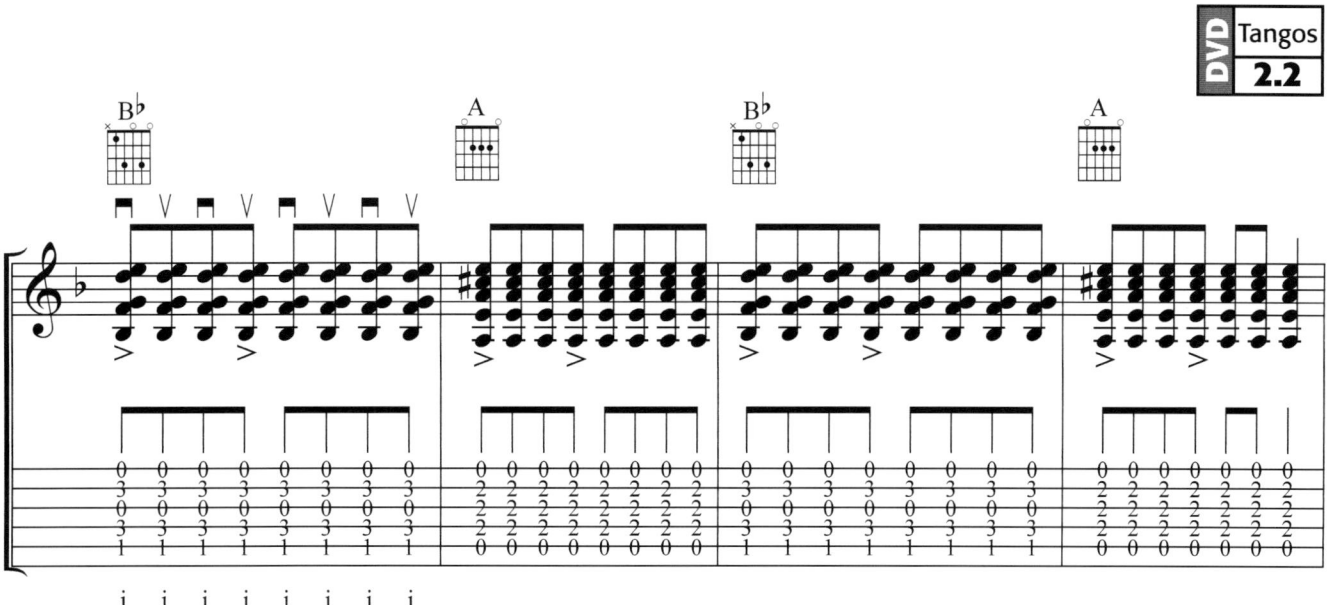

Übung 1 Teil C

Spiele nun statt dem „i"-Finger-Golpe, einen „m"-Finger-Golpe auf jedem ersten Abwärtsschlag, indem du mit Finger „m" unterhalb der 1. Saite auf die Gitarrendecke klopfst.

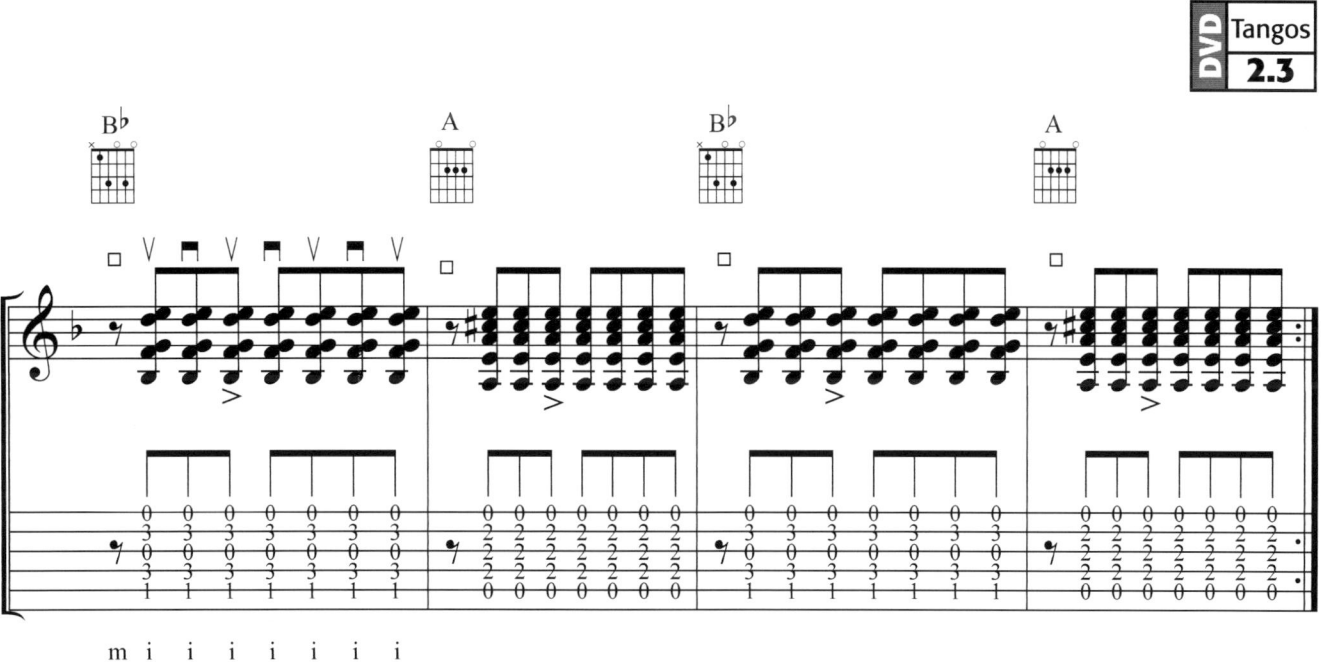

Glückwunsch! Du hast soeben deinen ersten *Tangos-Compás* gespielt.

Falseta

Eine *Falseta* ist eine Art *Gitarrensolo*. Generell spielt man Falsetas am Anfang eines Stückes und/oder zwischen den einzelnen Strophen.

> **Falseta**
> melodisches Intro oder Zwischenspiel

Diese *Falseta* wird mit der *Apoyando*-Technik und einem „i"-Finger-Golpe gespielt (siehe Kapitel 1, S. 8).

Übung 2 Falseta

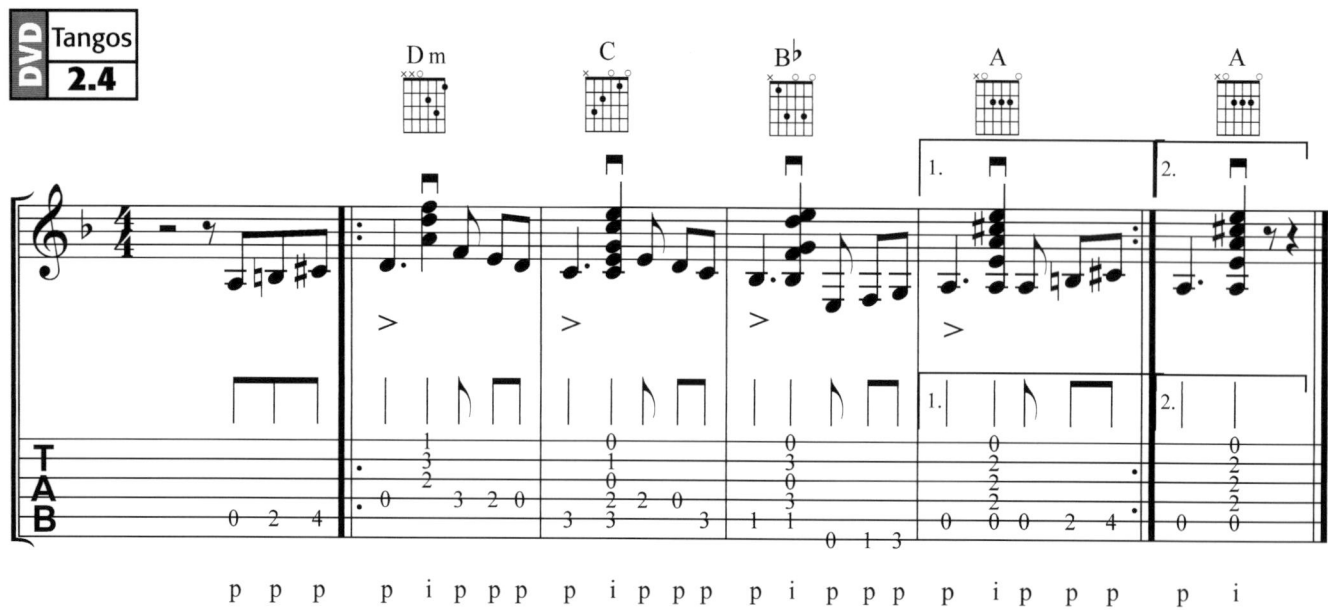

Llamada & Corte – Ruf und Abschnitt

Um den Anfang oder das Ende eines Abschnitts zu signalisieren, werden bestimmte Arrangements oder rhythmische Melodien eingesetzt, sogenannte *Llamadas* oder *Cortes*.

Eine *Llamada* signalisiert den Beginn eines Abschnitts, ein *Corte* das Ende. Sie können identisch gespielt werden, werden aber je nachdem, wann sie gespielt werden, unterschiedlich bezeichnet. Für den folgenden *Corte* benötigt man die *Rasgueado*-Technik.

> **Llamada**
> Beginn eines Abschnitts
>
> **Corte**
> Ende eines Abschnitts
>
> **Cierre**
> Abschluss eines Tanzteils

Übung 3 Llamada & Corte

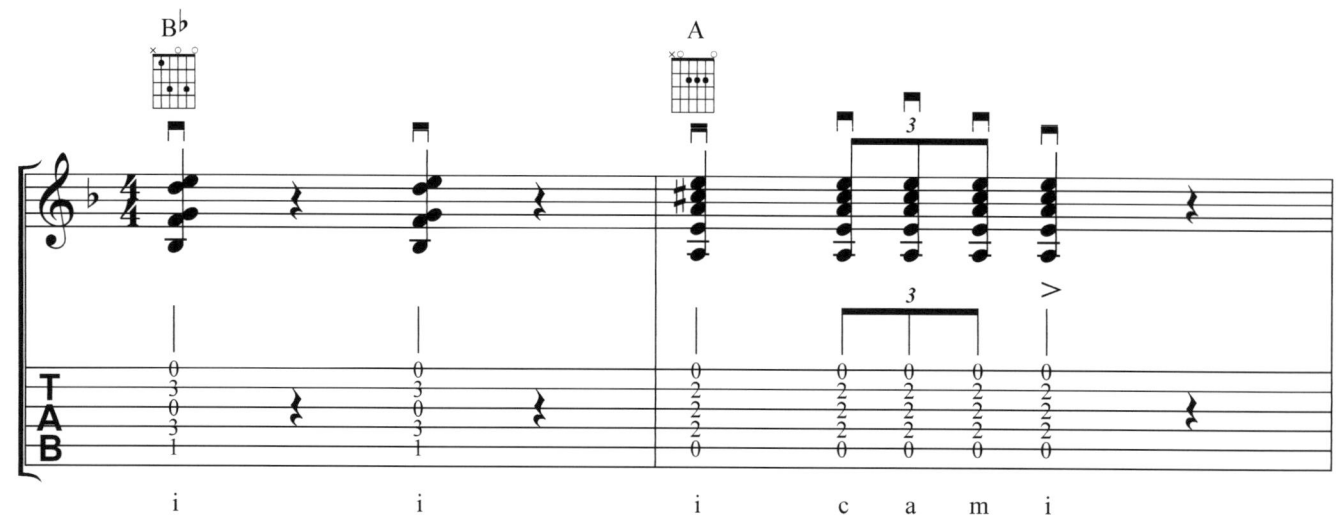

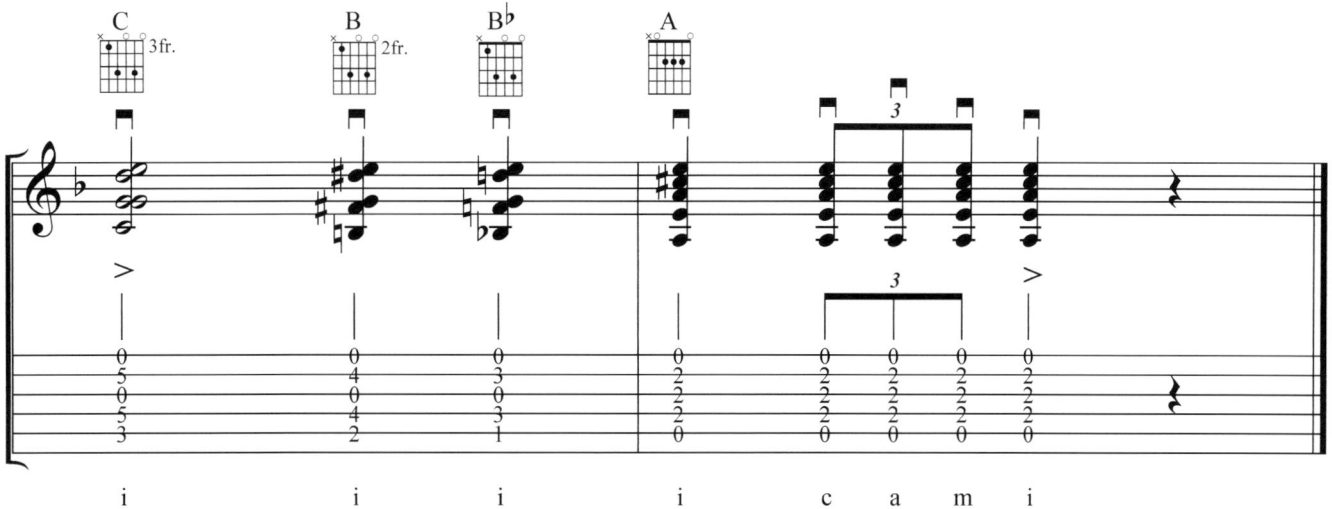

Respuesta
[span.] = Antwort

Desplante
[span.] = Schiefe Abschlusspose eines Tänzers, ähnlich der Geste eines Toreros

Remate
[span.] = Oberbegriff für die Formbezeichnungen Llamada, Corte, Cierre, Respuesta und Desplante.

Weitere solche Elemente sind die *Respuesta (Antwort)*, mit der man während des Gesangs auf den Sänger reagiert *(siehe Übung 6)* und die *Desplante*, mit der man eine Tempobeschleunigung abschließt.

In Corte und Respuesta pausiert die Gitarre in der Regel auf der vierten Viertel des zweiten Taktes.

Copla (Strophe)

Während der Copla (Strophe) wollen wir den Sänger begleiten und sollten uns daher dynamisch etwas zurücknehmen, um dem Gesang genug Raum zu geben. In der folgenden Übung trainieren wir die Koordination von Daumen und Finger „i". Der Daumen schlägt dabei die Saiten auf der 1. Viertel, Finger „i" auf den restlichen Vierteln an. Die Akzente liegen auf der 1. und 4. Achtel. Für den Daumen wenden wir hier die Apoyando-Technik *nicht* an. Er schlägt die Saiten so wie Finger „i" an.

Übung 4 Daumen und Finger „i"

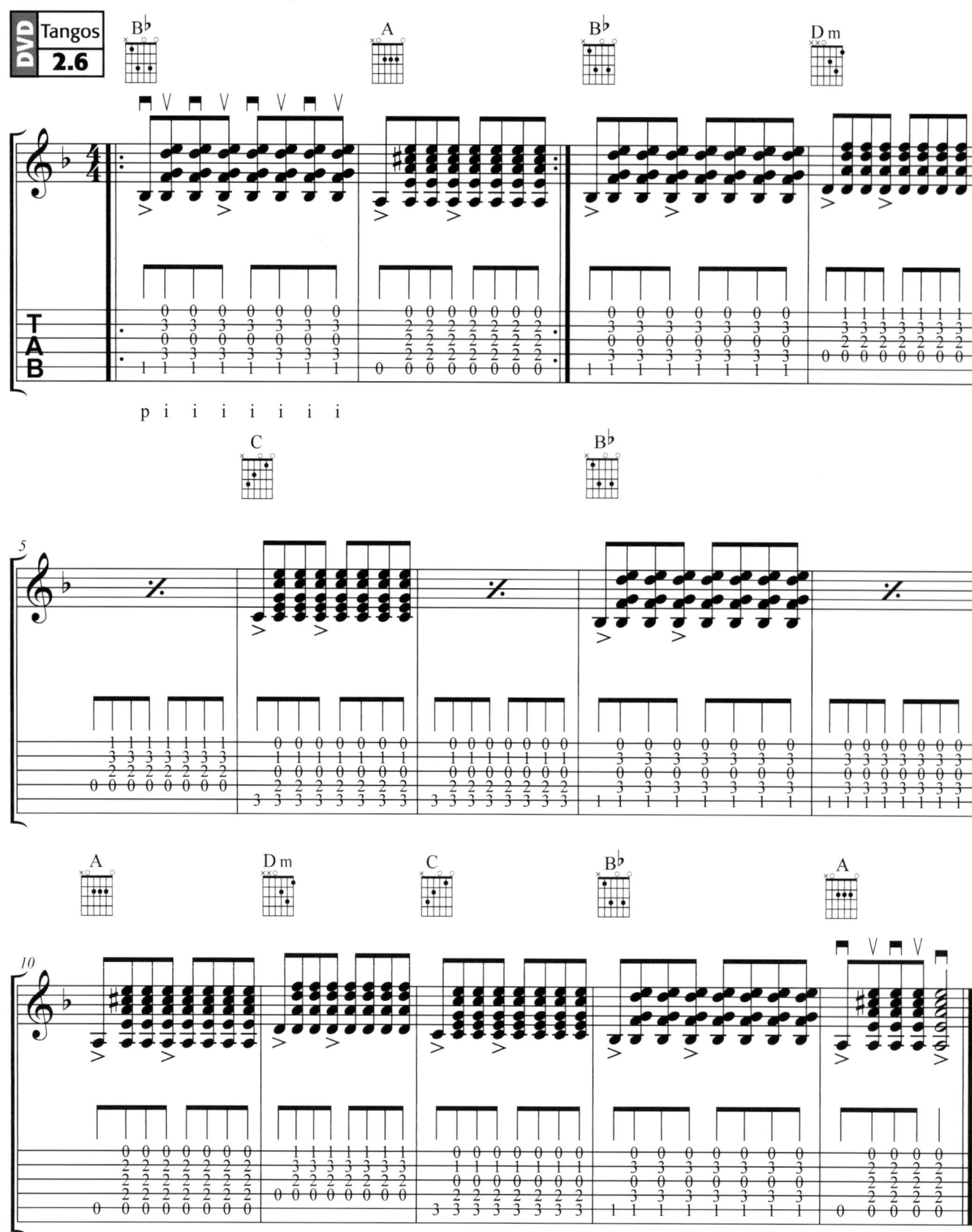

Übung 5 Falseta & Escobilla

Eine *Escobilla* ist ein melodischer Fußteil, den der/die Tänzer/in zwischen zwei Strophen tanzt. Generell wird ein solcher Fußteil mit einfachen Melodien auf der Basis der rhythmischen Voicings des Fußteils begleitet. Für die folgende Falseta einer Escobilla verwenden wir ein Arpeggio.

> **Escobilla**
> melodischer Teil zwischen zwei Strophen, der den Fußtanz begleitet.

Teil A – Arpeggio Voicing

Als erstes das Arpeggio Voicing.

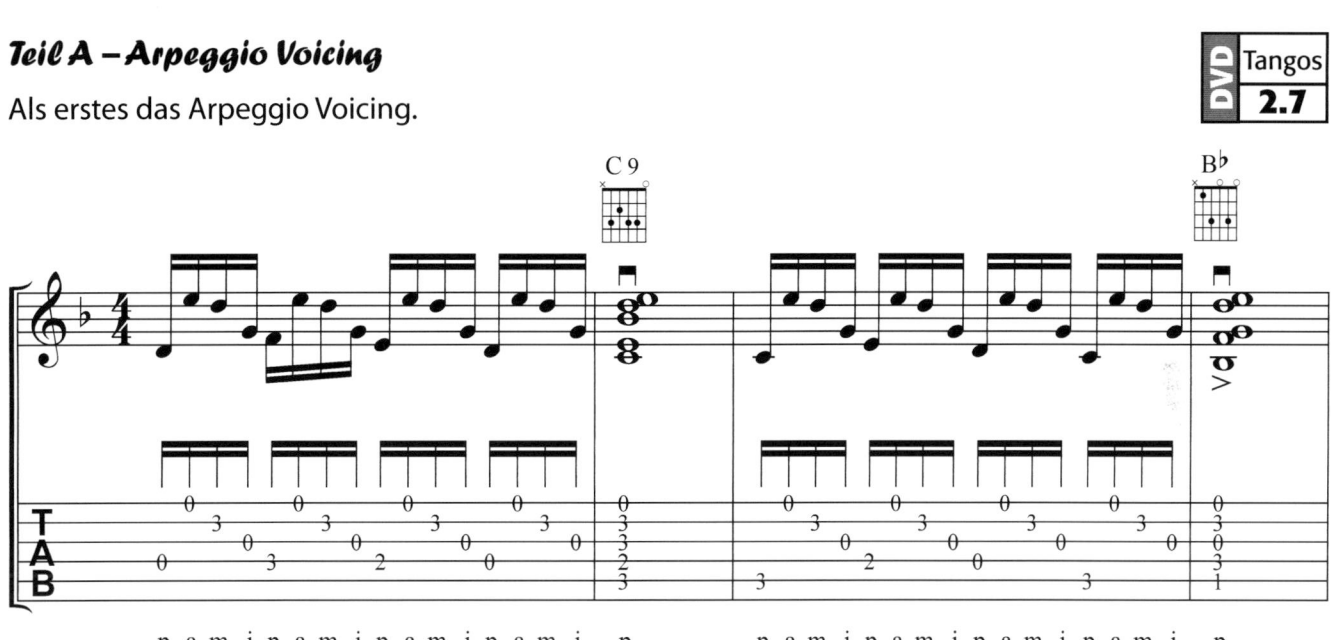

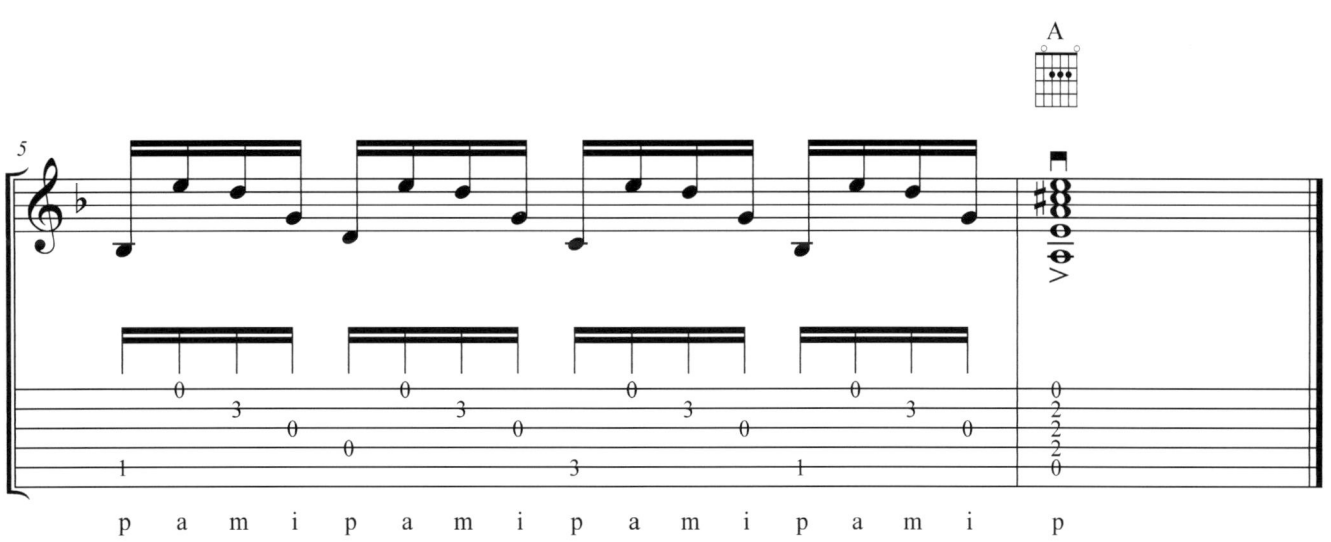

Teil B – Die komplette Falseta

Die komplette Falseta der Escobilla mit Arpeggio und der Daumen/Finger „i" Technik.

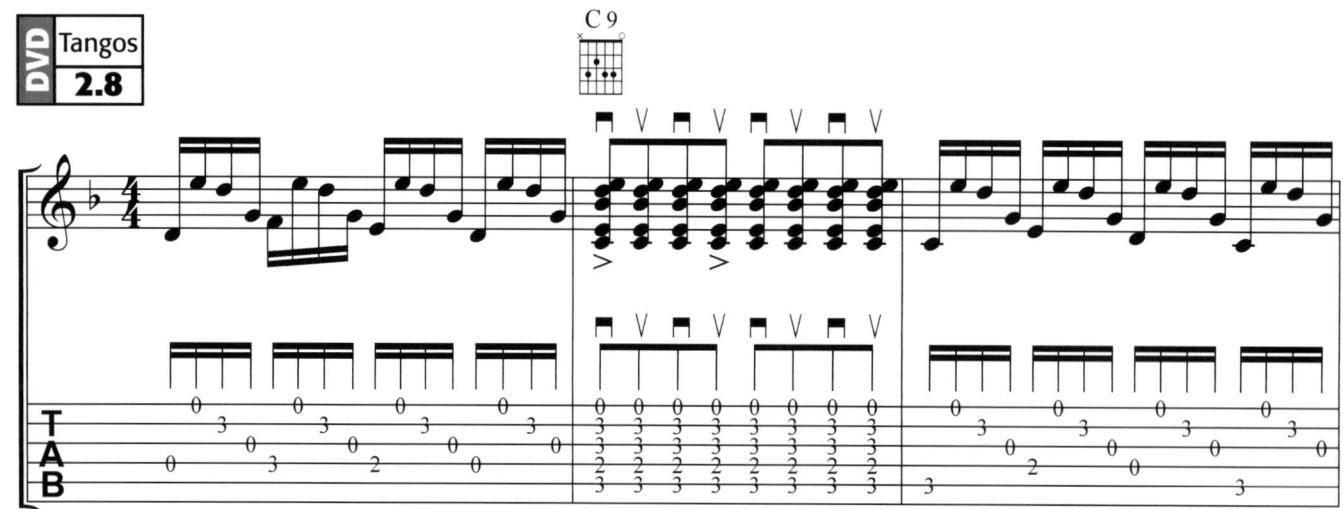

Übung 6 – Subida (Beschleunigung)

Die *Subida* folgt in der Regel einer *Escobilla*, wobei der/die Tänzer/in das Tempo anzieht und effektvoll in einem Höhepunkt abschließt. Anders als in der Pop/Rockmusik variiert das Tempo eines Flamencostückes daher sehr stark und kann nicht mit einem Metronom gespielt werden. Tempobeschleunigungen und –verlangsamungen sind vielmehr wichtige Elemente im Flamenco. Während der Subida müssen wir sehr kraftvoll spielen und der/die Tänzer/in in der Temposteigerung unterstützen. Hierfür eignet sich besonders die *Abanico*-Technik.

Subida
[span.] = Aufstieg, Anstieg

Teil A mit der Abanico-Technik

Spiele einen A-Dur Akkord mit der Abanico-Technik. Betone die 1., 4. und 6. Achtel.

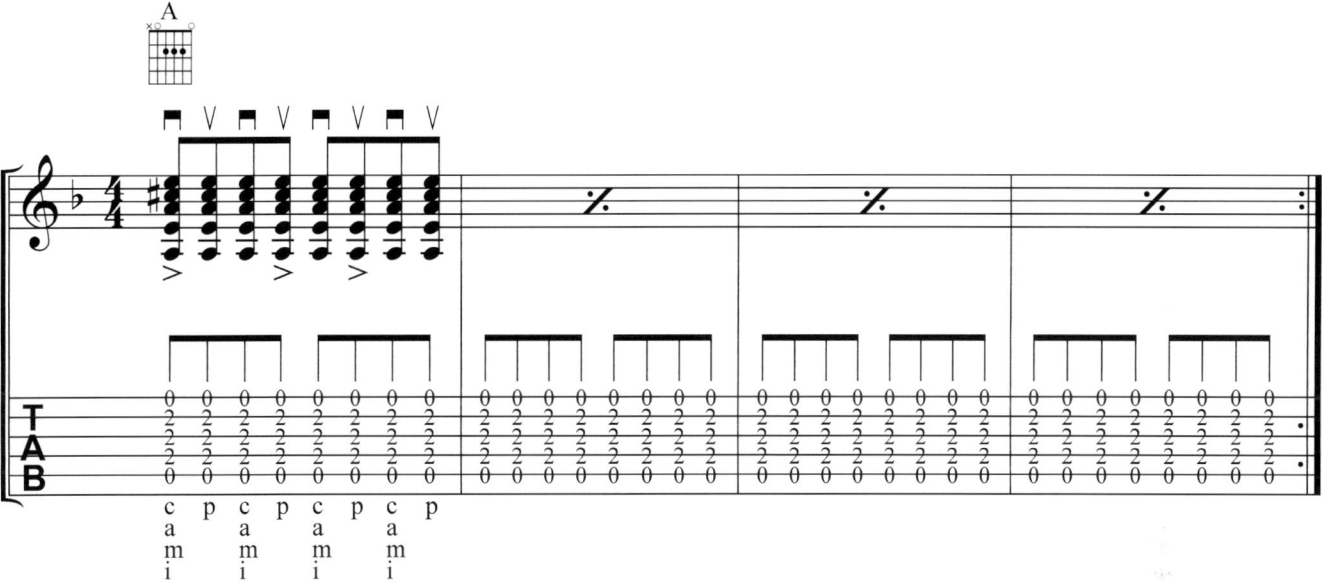

Salida

Eine *Salida* ist der Einstieg oder Ausklang des Gesangs.

Salida
[span.] = Ausgang

Teil B

Spiele zusätzlich Bb- und C-Akkorde, um die Subida abzuschließen.

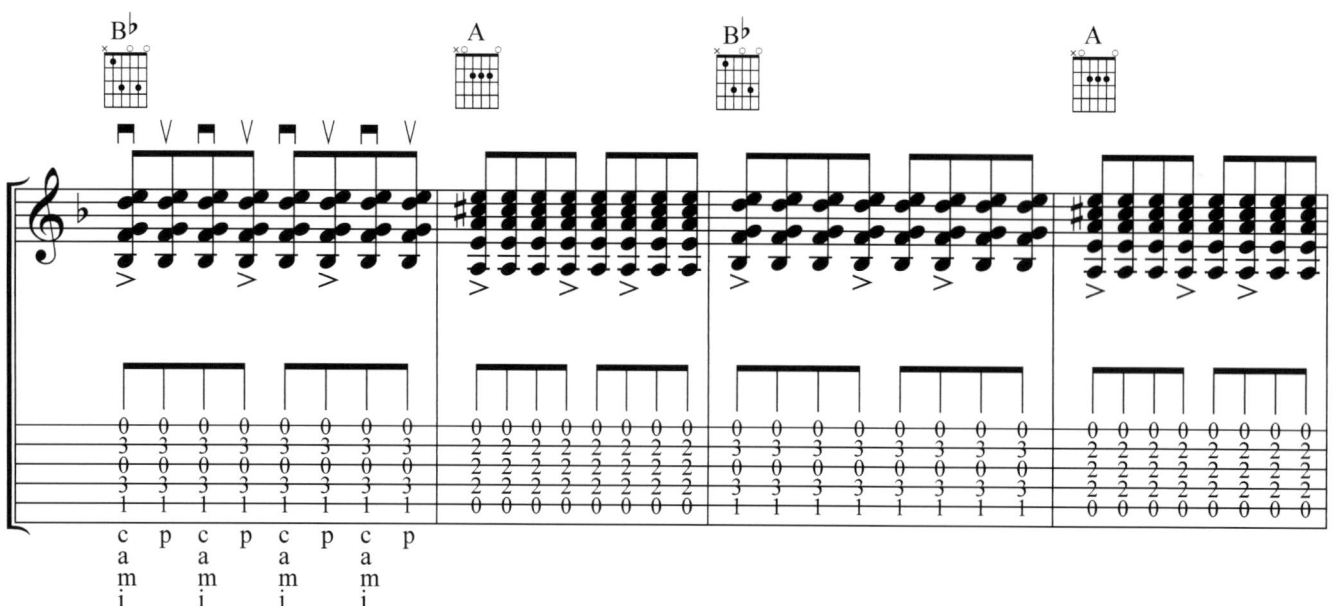

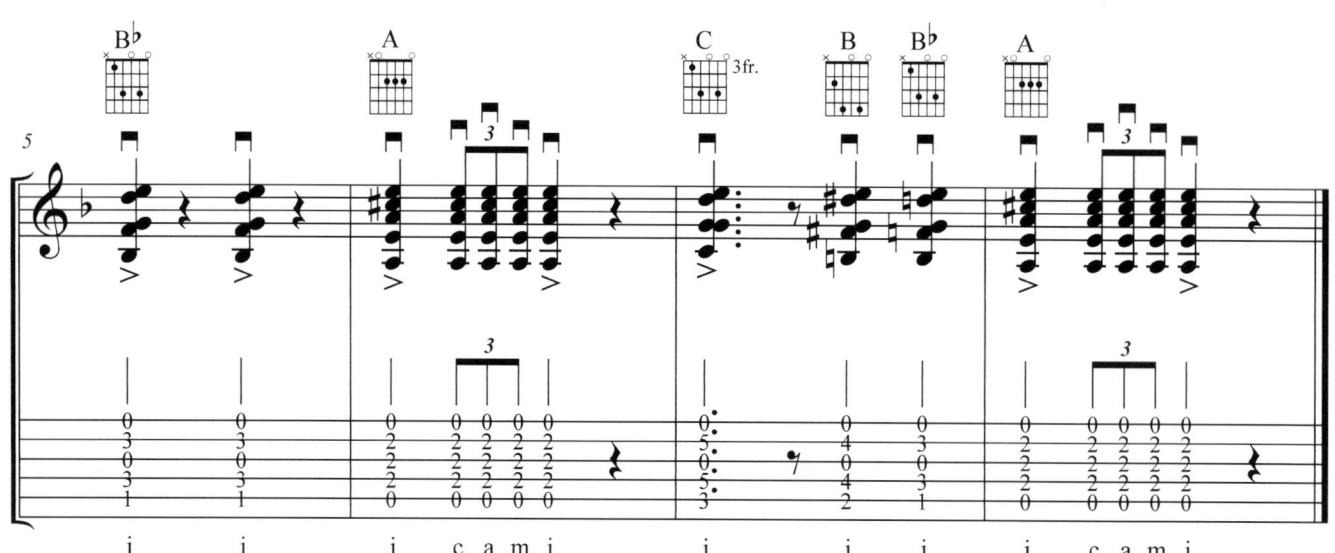

Mit Hilfe dieser sechs Übungen dieses Kapitels können wir nun den Gesang und den Tanz eines kompletten *Tangos* begleiten. Übe diese sechs Übungen immer wieder einzeln und als komplettes Stück.

Vortragsstück • Tangos de Triana

Tangos de Triana

Musik & Text: Traditional
Bearbeitung: Robert Collomb

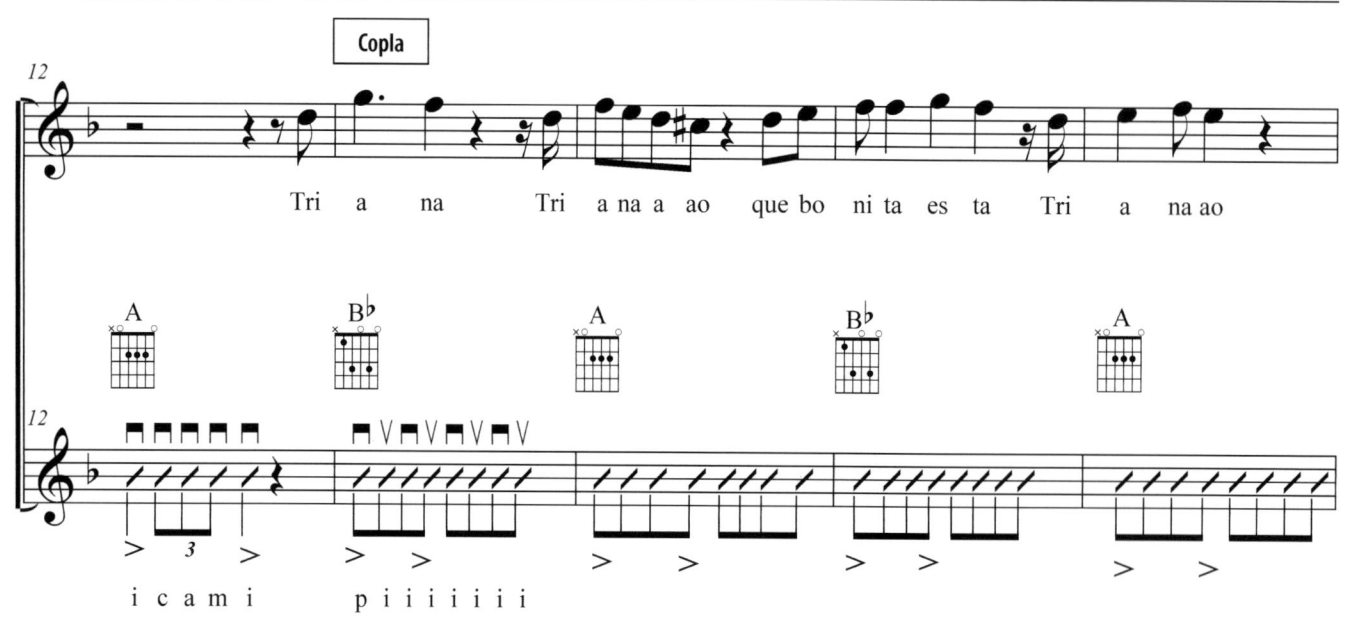
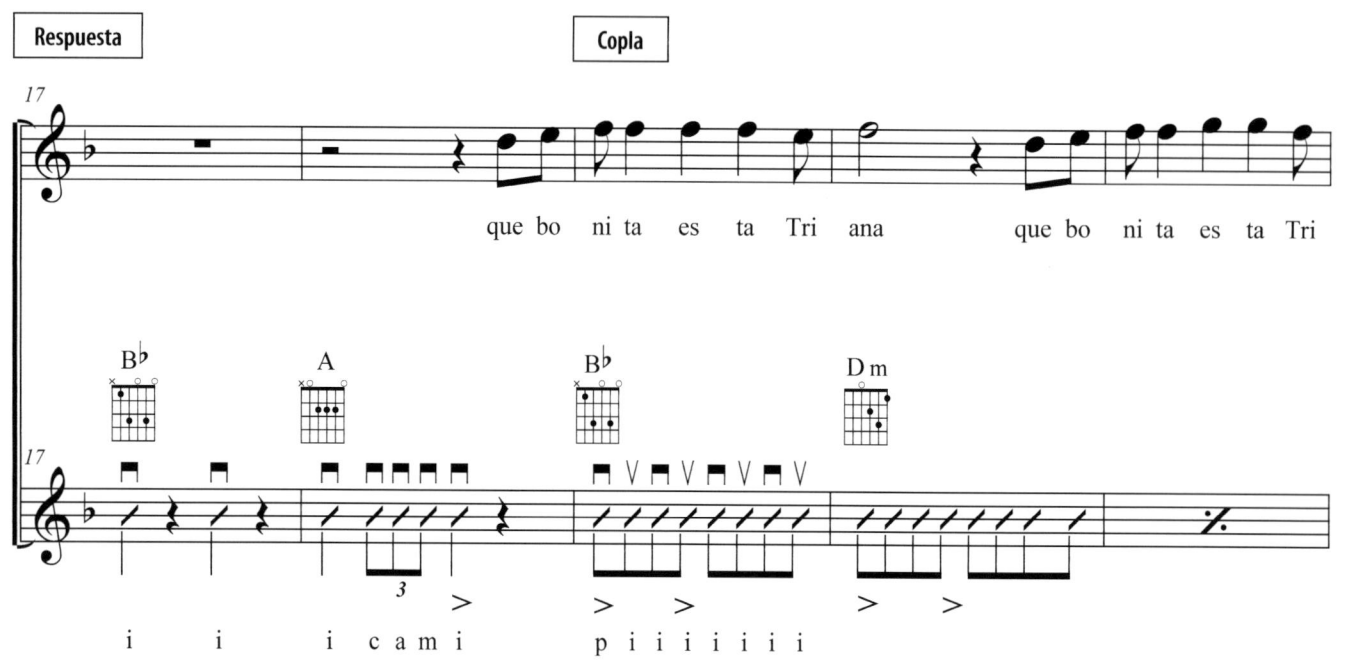

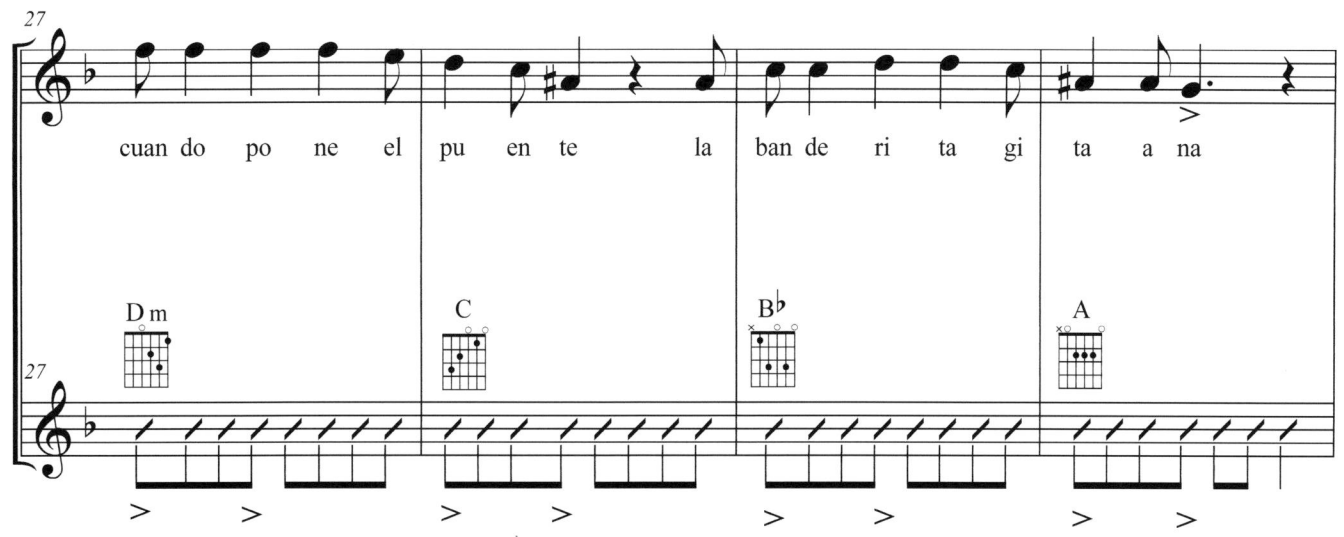
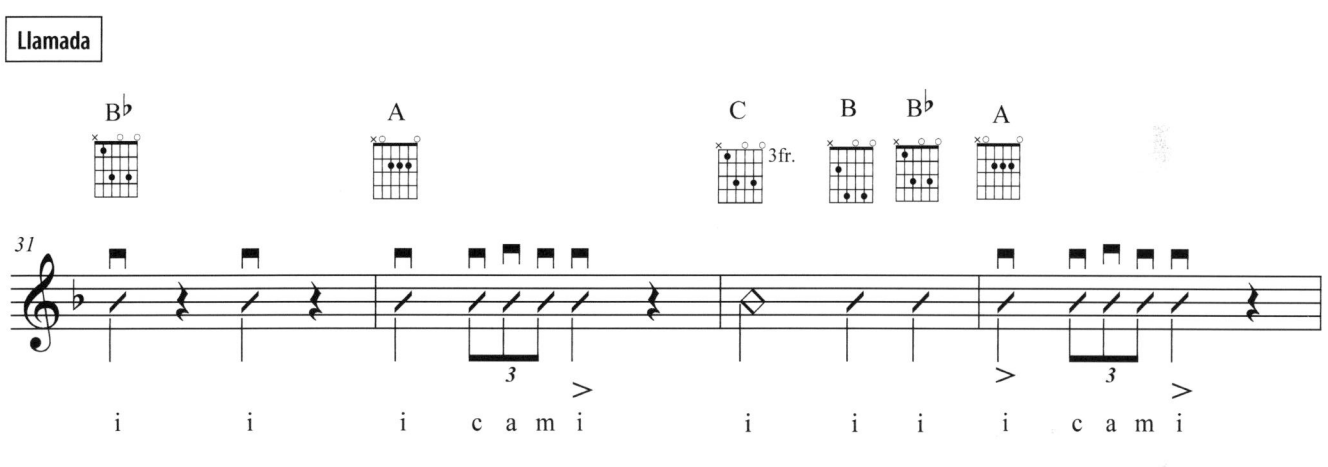

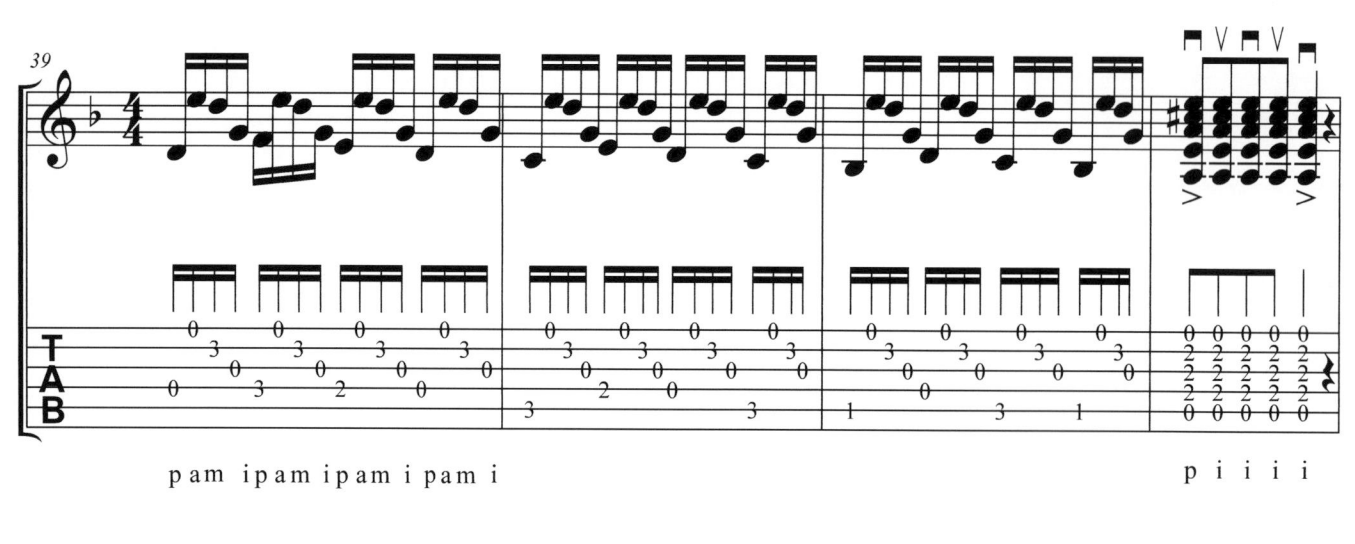
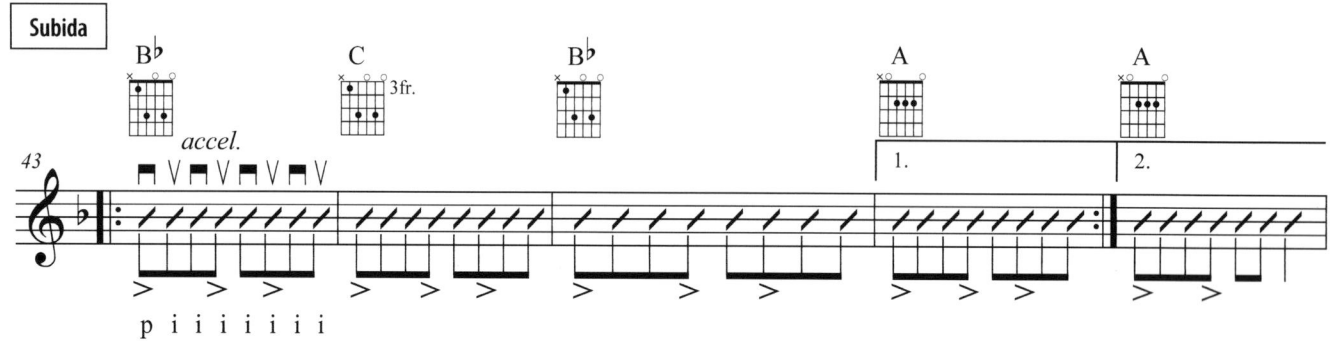
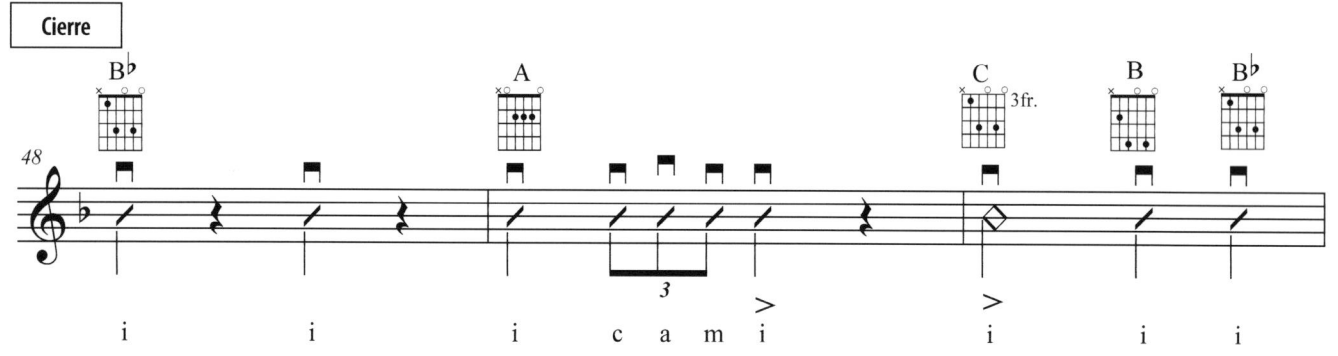
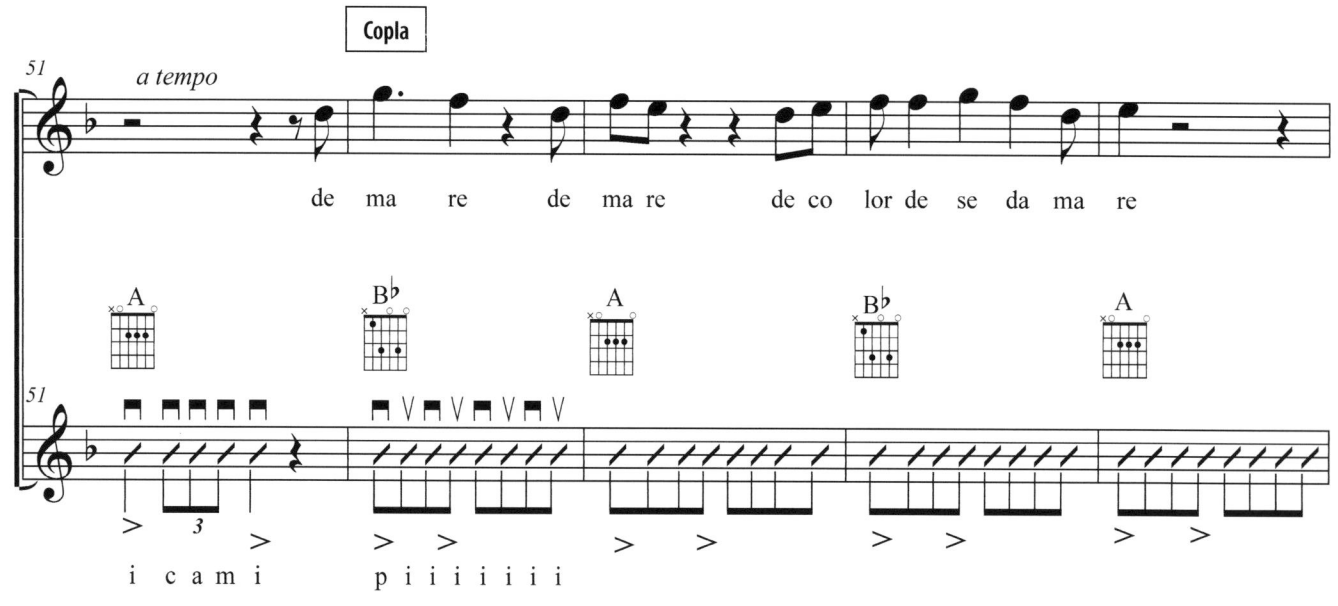

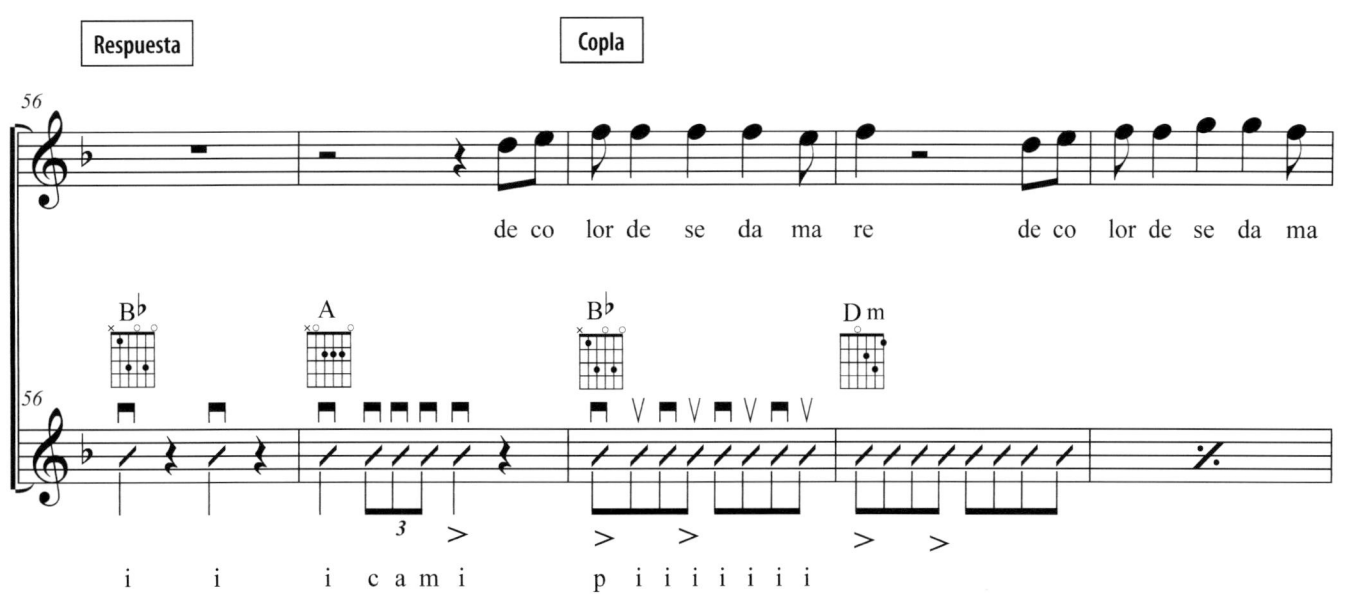
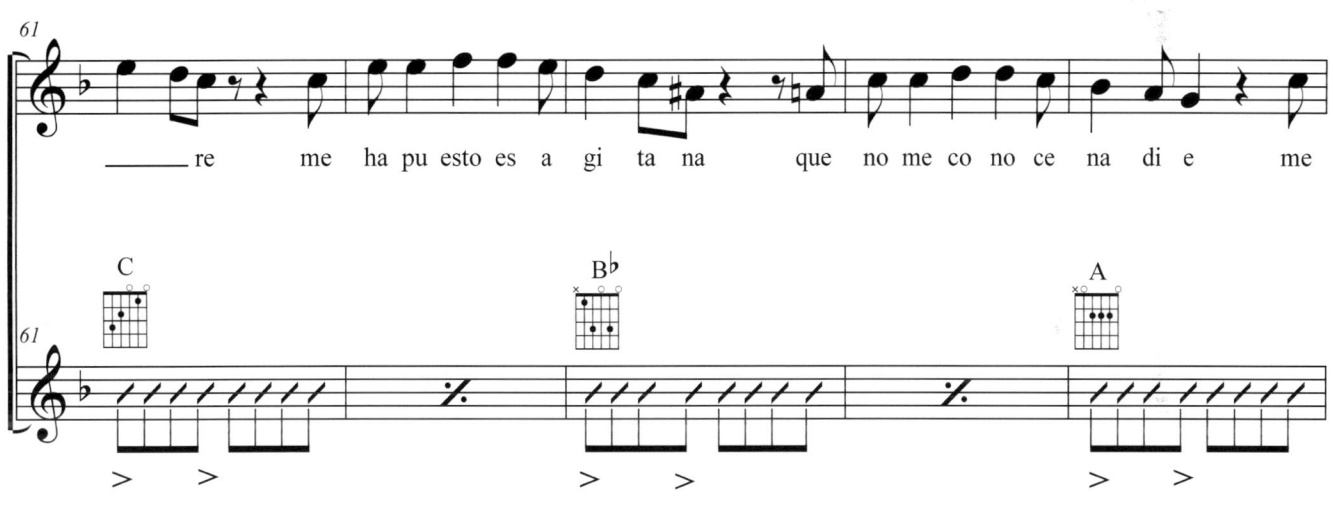

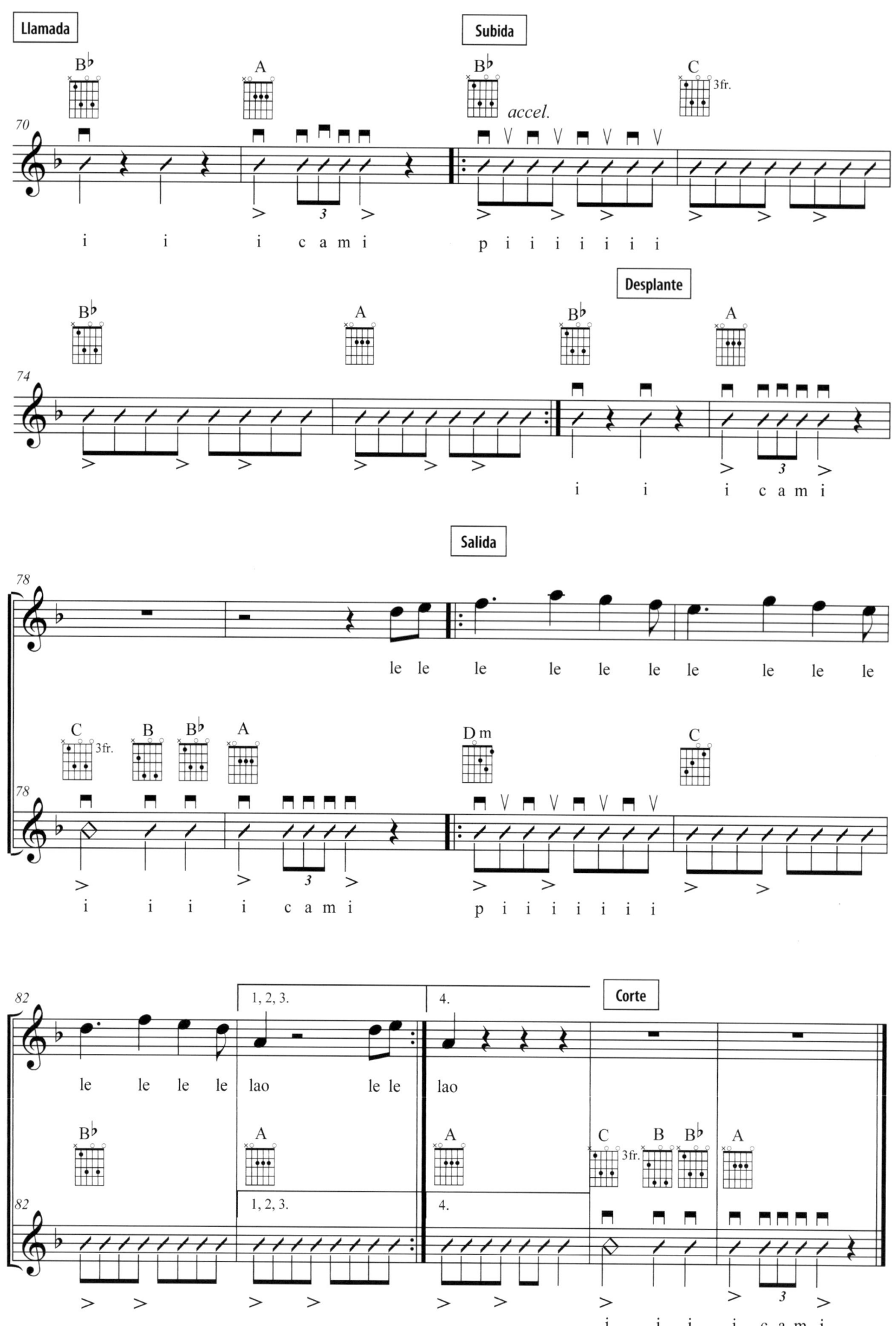

Kapitel 3
Farruca

Farruca

Die *Farruca* stammt aus Galizien im Nordwesten Spaniens und wurde vom Flamenco adaptiert. Dieser beliebte Palo hat etwas tragisches an sich und zeichnet sich durch seine dynamischen Breaks und Tempobeschleunigungen aus. Ursprünglich wurde die Farruca nur von Männern getanzt. Heute interpretieren aber sowohl Tänzerinnen als auch Tänzer die Farruca. Wie der Tangos basiert auch die Farruca auf einem 4/4 Takt. Ein Farruca-Compás besteht dabei aus zwei 4/4 Takten.

Der Farruca-Compás

Beginnen wir zunächst damit, den *Farruca-Compás* zu klatschen.

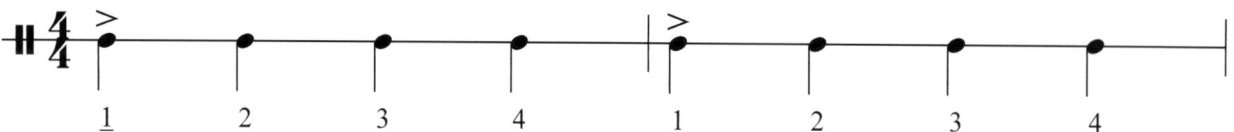

Wir spielen die Farruca in der Position *„por arriba"*, verwenden also folgende Akkorde:

„Por arriba"-Position

Den Akkord F greifen wir hier nicht als Barré-Griff, sondern spielen die 1. und 2. Saite leer.

Erweiterung

Als weiteren Akkord benötigen wir Dm.

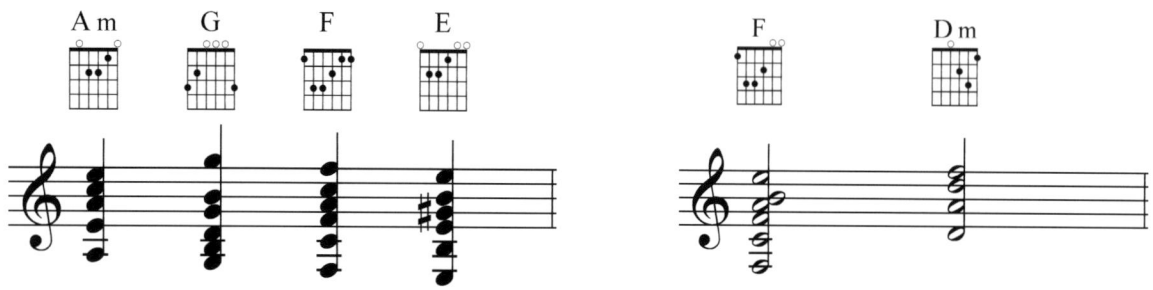

Für den Compás der Farruca verwenden wir die Techniken, die wir bereits bei den Tangos gelernt haben.

Übung 1 Teil A

Diese Übung entspricht der **Übung 4 der Tangos** (*vgl. S. 20ff*). Wir verwenden also ebenso den Daumen und Finger „i" nur mit anderen Akkorden.

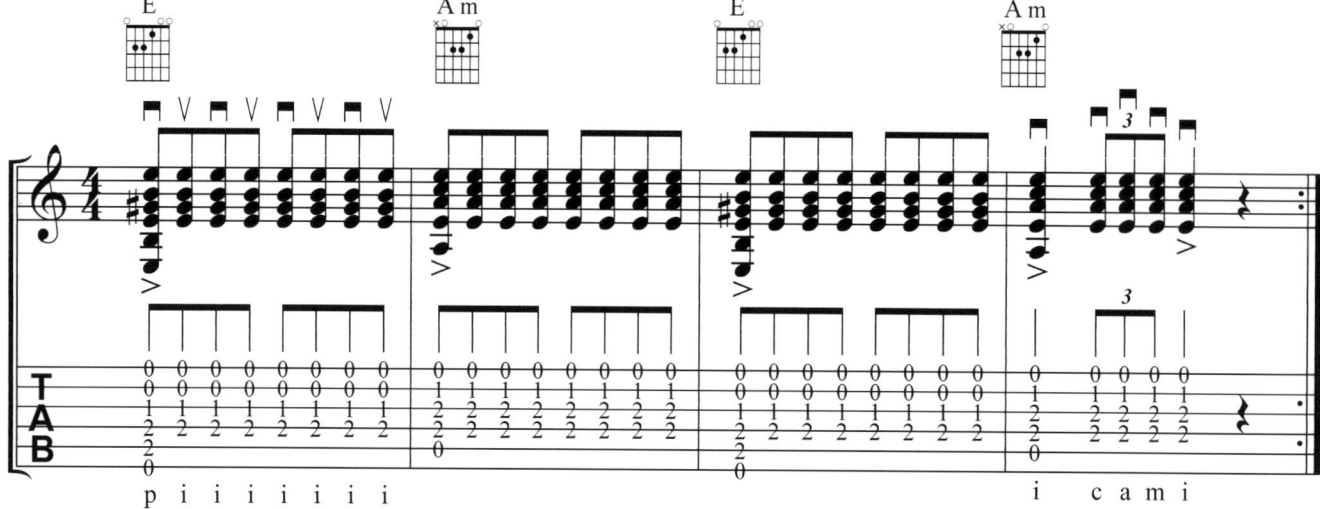

Übung 1 Teil B

Jetzt spielen wir das für die Farruca typische *Voicing*.

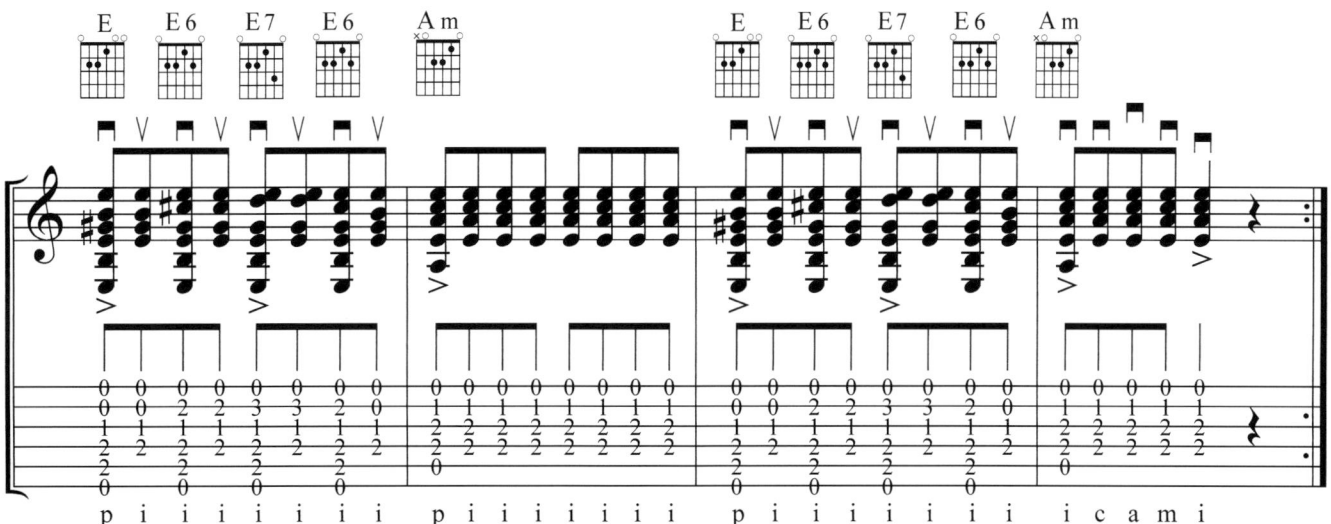

Übung 1 Teil C

Wir spielen ein *Apoyando-Voicing* und ein *Rasgueado* als Variante des Farruca-Compás.

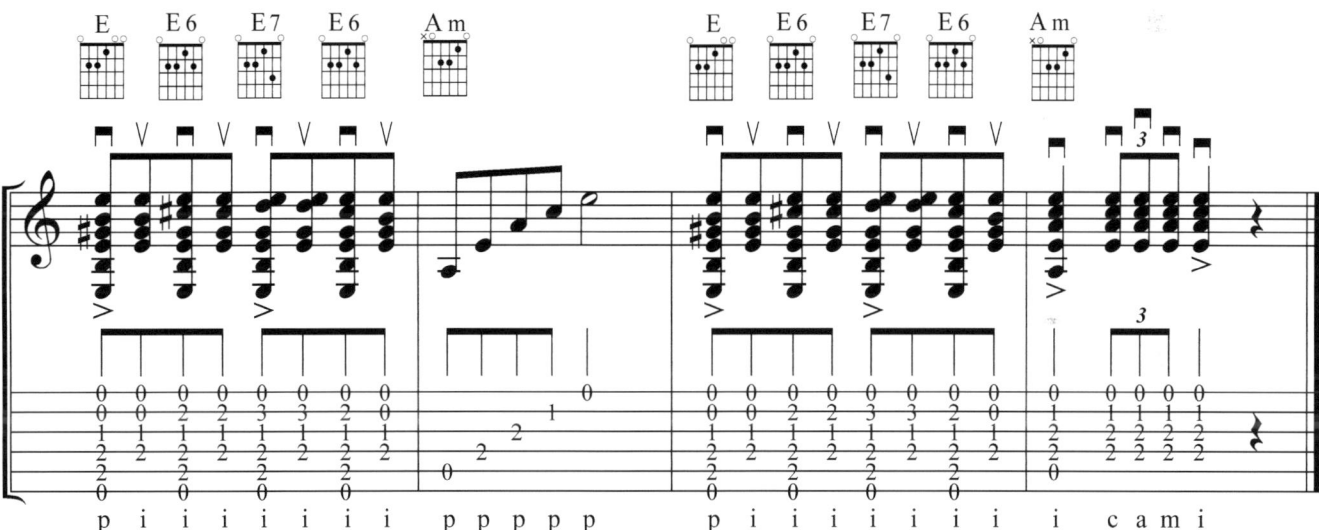

Übung 2 Respuesta

Nun üben wir ein *Respuesta* (Antwort, vgl. S. 19). Hierfür kombinieren wir ein *Rasgueado* mit einem kurzen *Ligado-Voicing*.

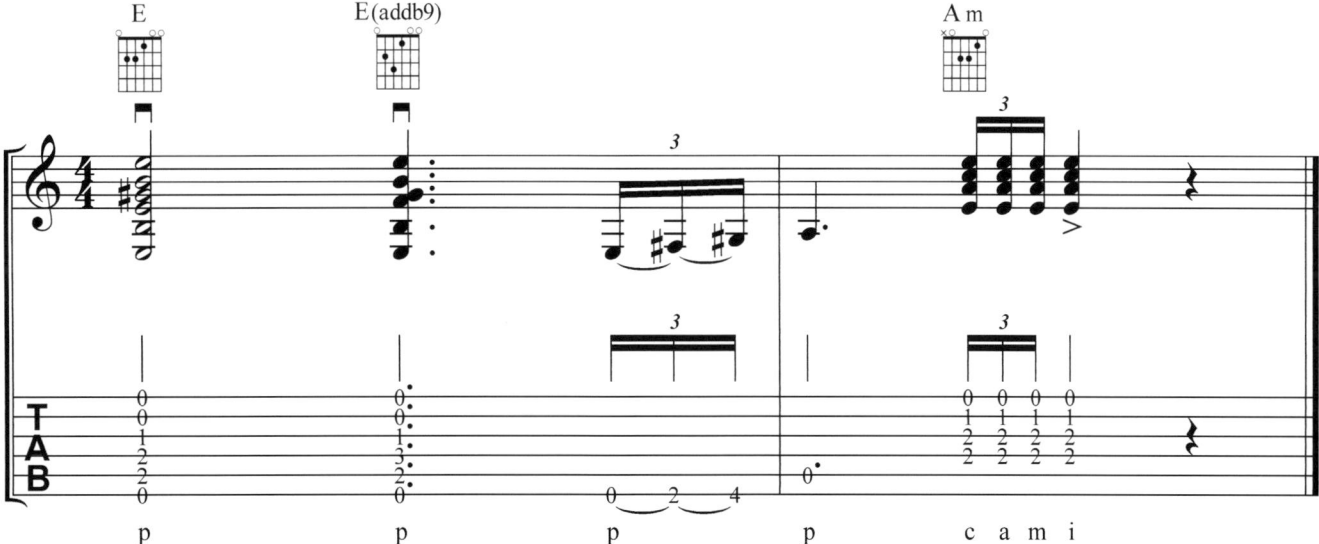

 ## Übung 3 Llamada Teil A

Die *Llamada* der Farruca ist sehr speziell und hat eine besondere Akkordabfolge sowie ein unverwechselbares rhythmisches Voicing. Hier ist eine *einfache Version* der Farruca-Llamada.

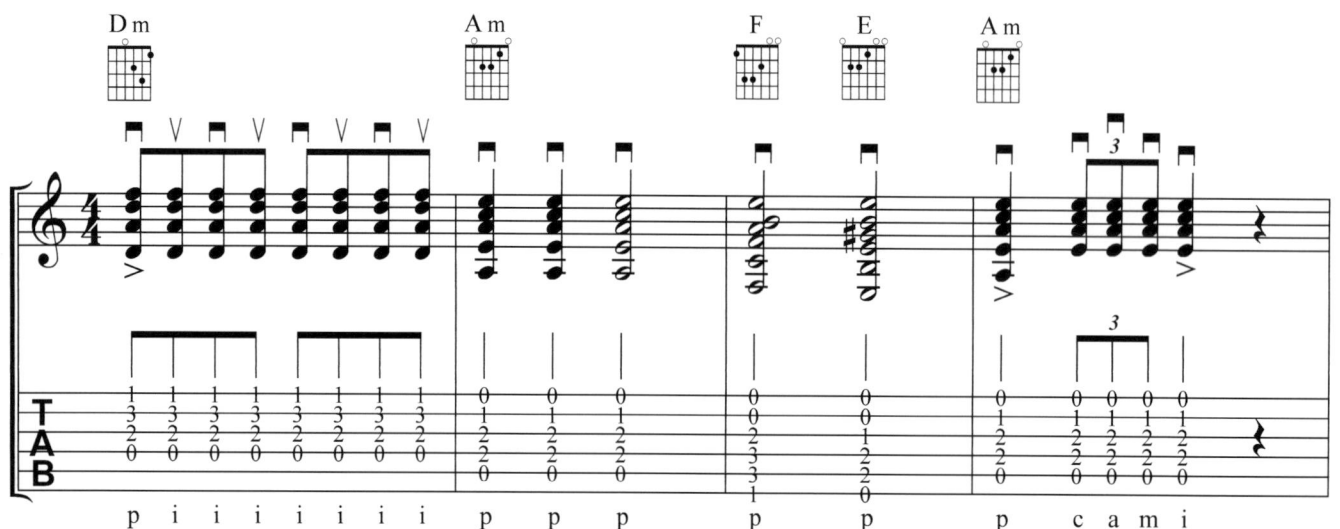

 ## Übung 3 Llamada Teil B

Jetzt integrieren wir das *Farruca-Voicing* in den Dm-Akkord.

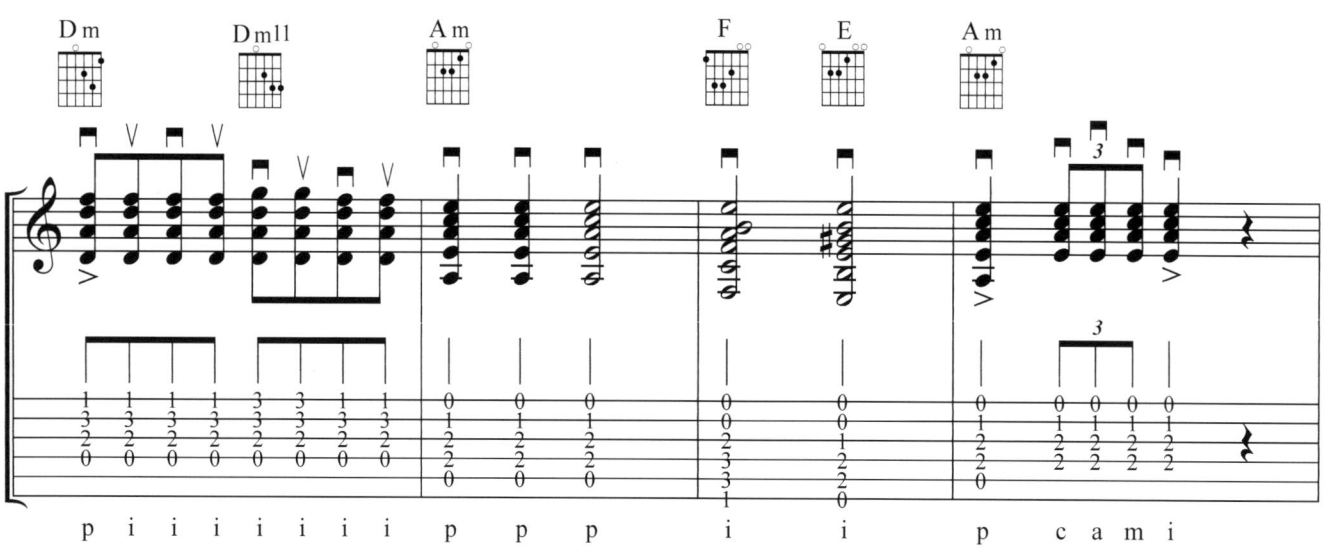

Übung 3 Llamada Teil C

DVD Farruca 3.6

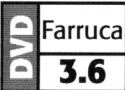

Hier eine andere Variante der gleichen Llamada.

Übung 4 Copla (Strophe)

DVD Farruca 3.7

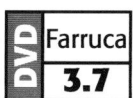

Für die *Copla (Strophe)* der Farruca spielen wir die Saiten mit dem Daumen und Finger „i“ an.

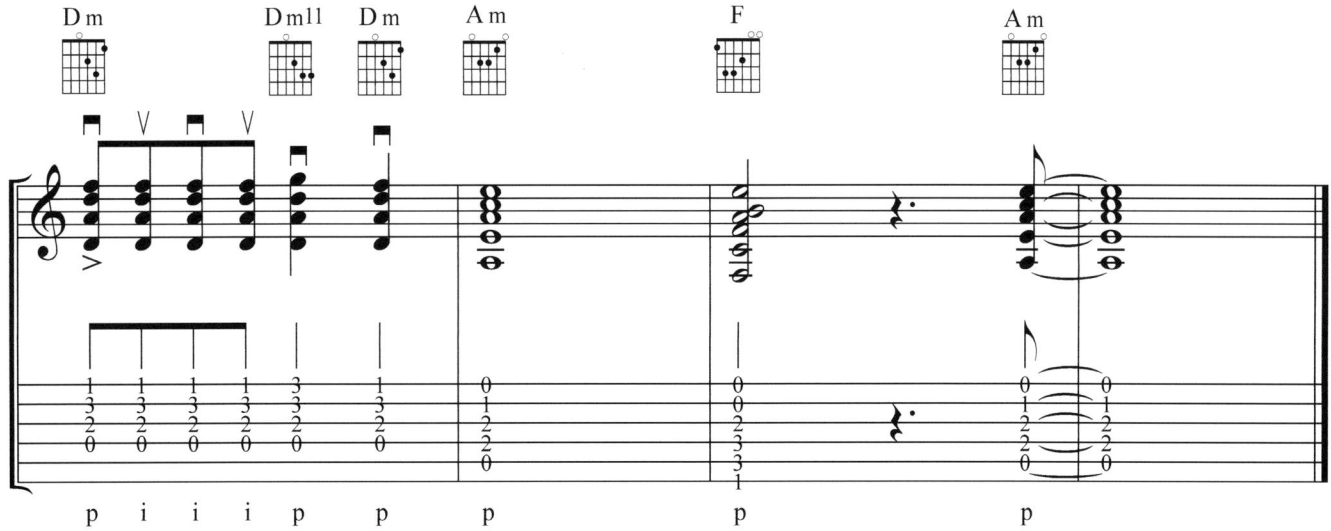

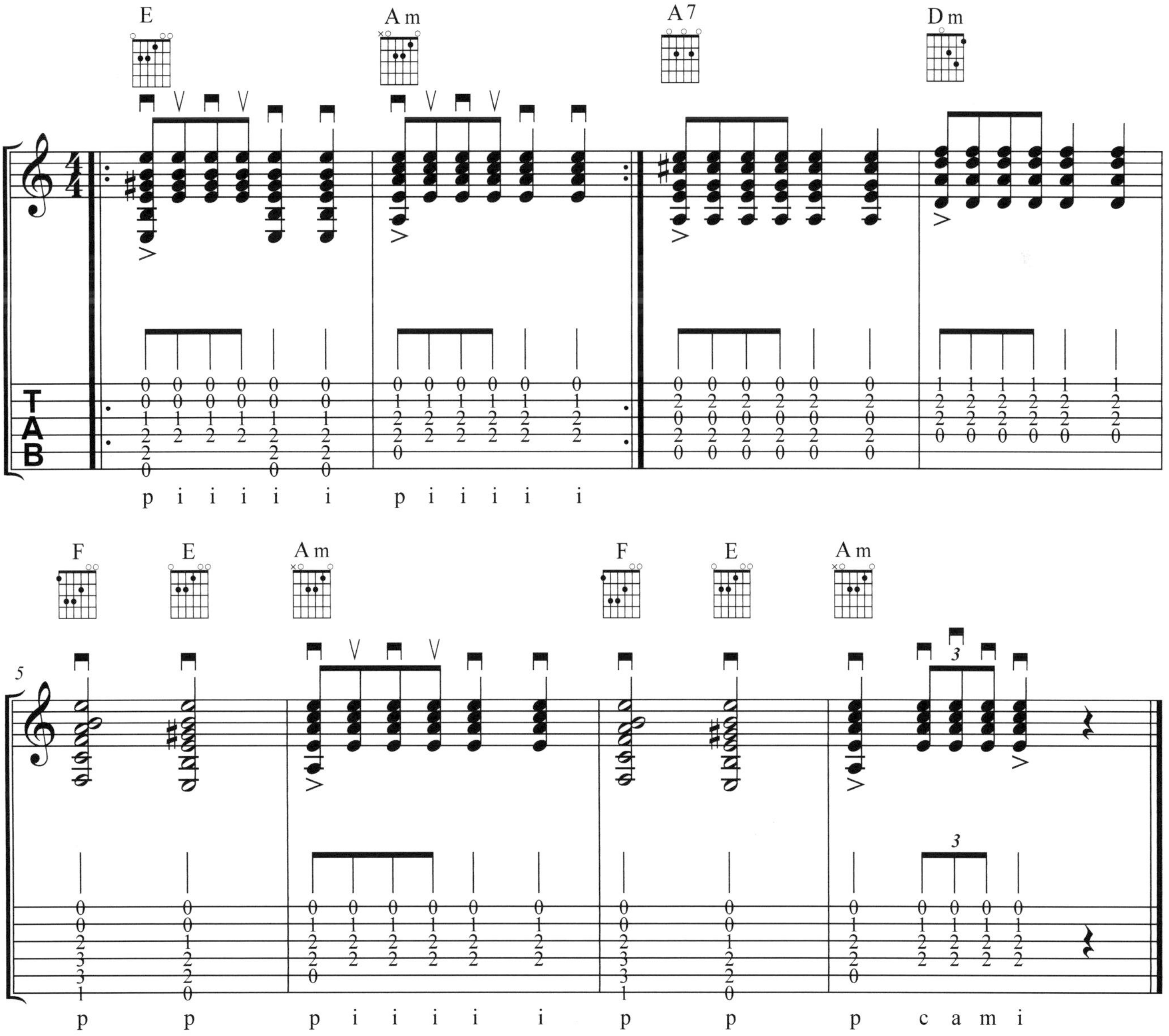

Übung 5 Falseta / Escobilla

Wie bei den Tangos folgt der Farruca-Strophe eine *Escobilla* bzw. ein Fußtanz. Hier spielen wir die Escobilla mit einer Kombination aus *Apoyando* und *i-Finger-Technik*.

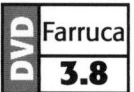 **Übung 5 Teil A**

Beginnen wir mit einer *vereinfachten Version* der Falseta-Basslinie, gespielt mit *Apoyando*.

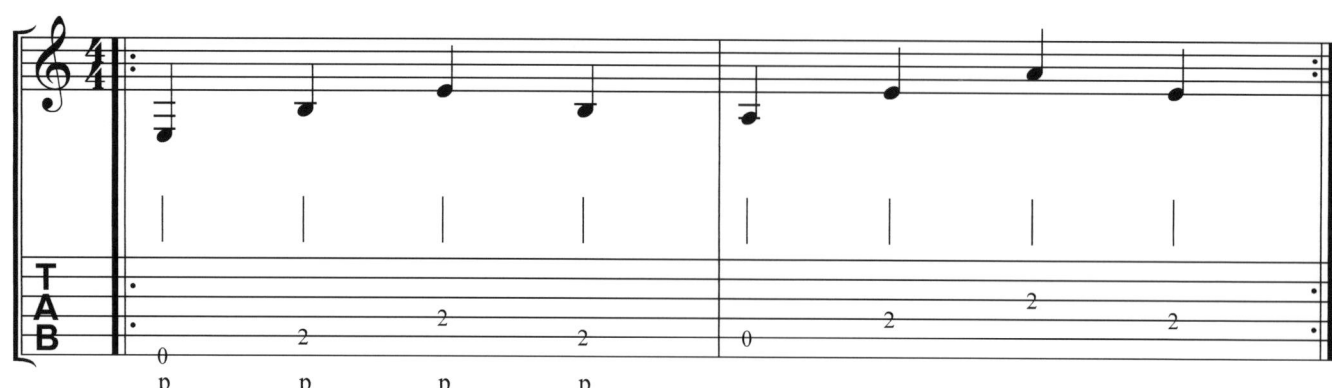

 **Übung 5 Teil B**

Spielen wir nun die *originale Basslinie* unserer Escobilla.

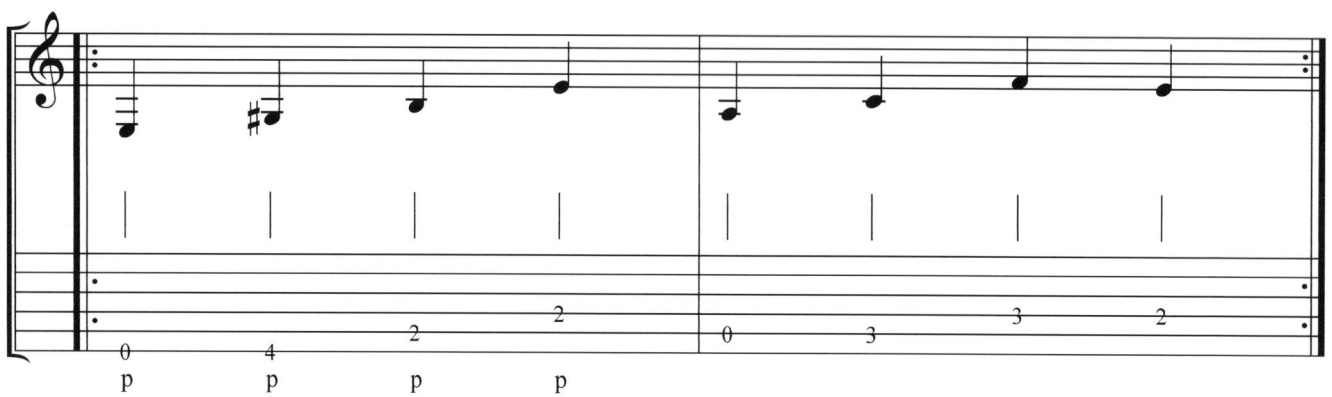

 **Übung 5 Teil C**

Als Nächstes zupft Finger „i" zwischen jeder Bassnote die leere, hohe e-Saite (Saite 1).

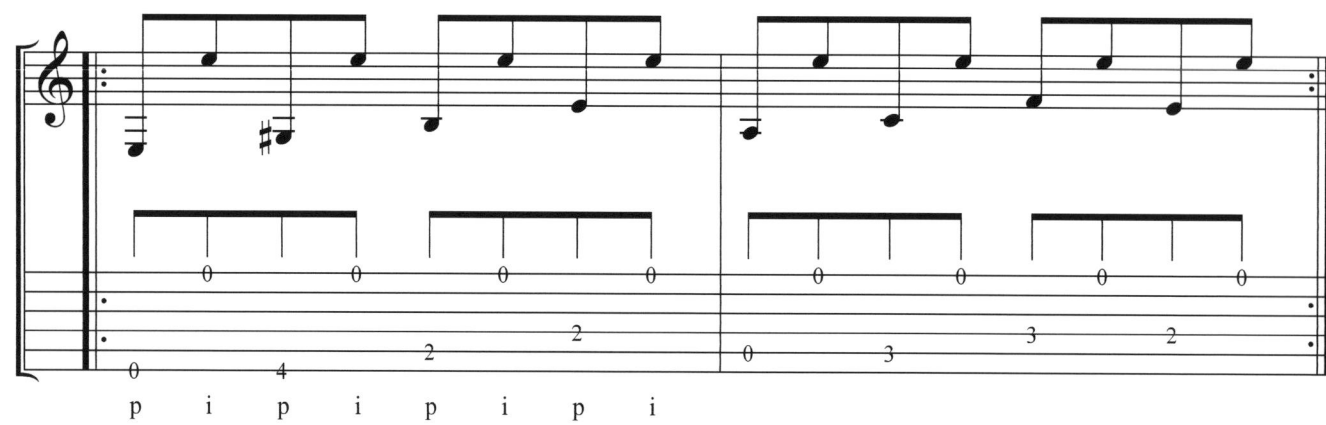

Übung 6 Subida

Abgesehen von den Akkorden, entspricht die *Farruca-Subida* der Subida der Tangos.

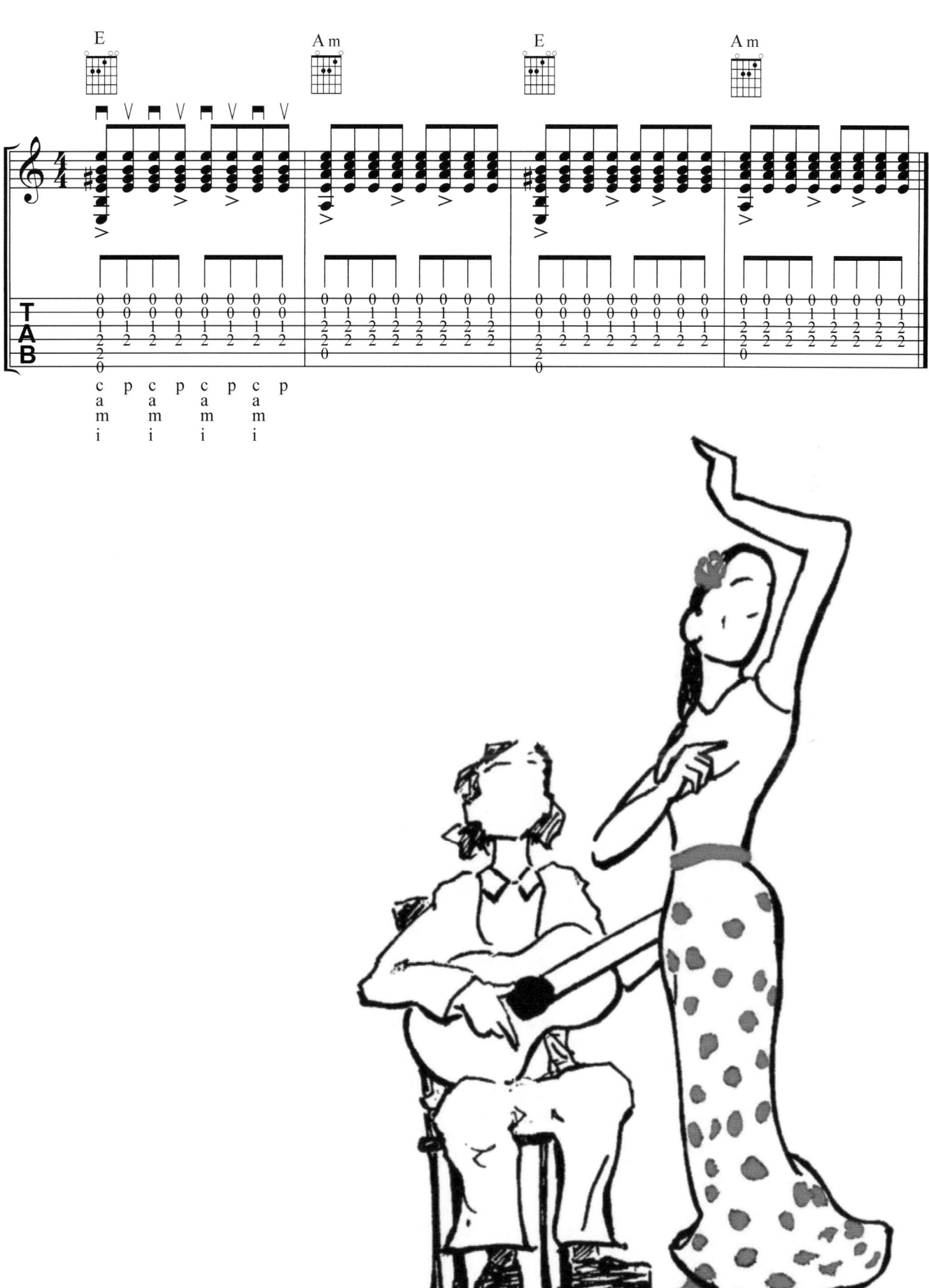

DVD Farruca 3.11

Farruca

Musik: Traditional

Bearbeitung: Robert Collomb

Largo

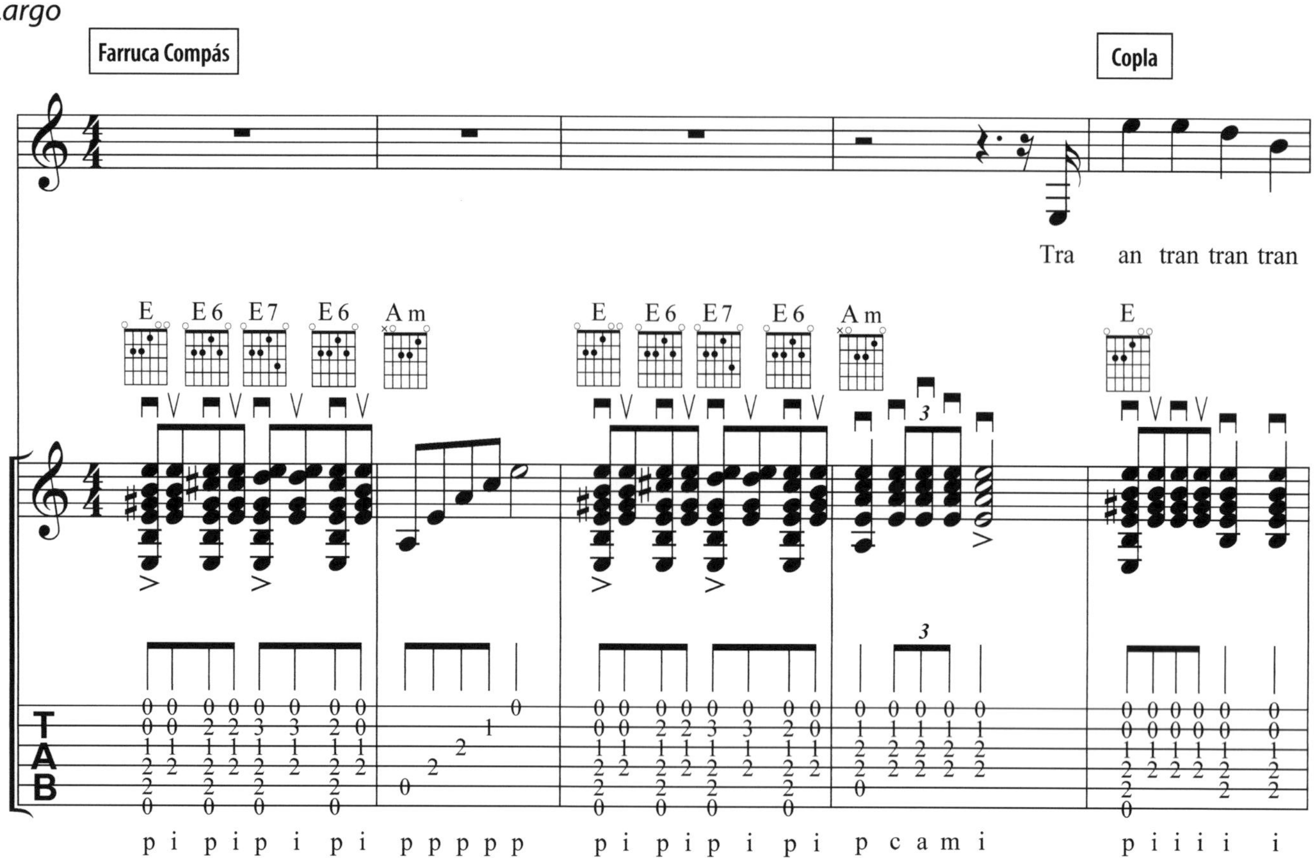

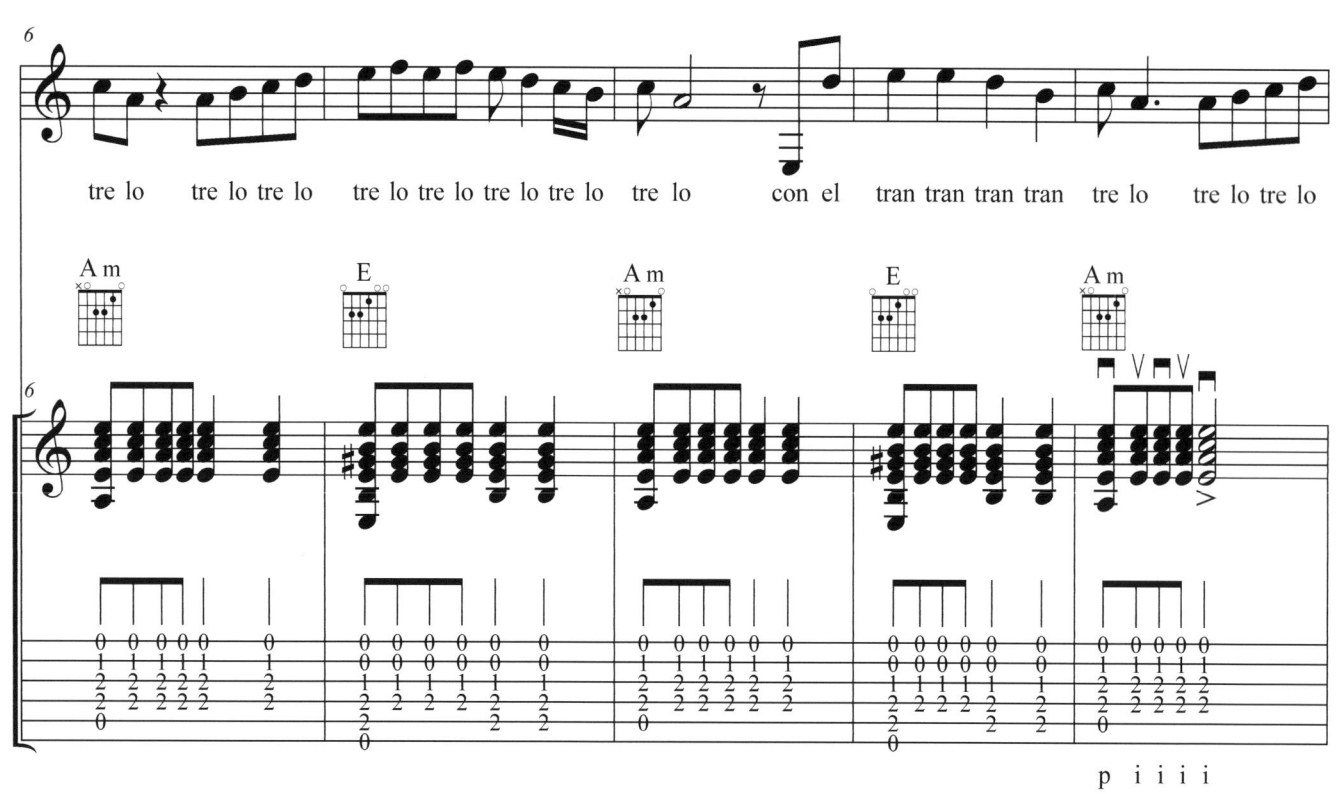

Corte
Copla
tre lo tre lo tre lo tre lo tre lo
un a fa rru ca en
F E Am E E(add9b) Am E
p p p c a m i p p p p c a m i p i i i i i
Respuesta
Gali cia a mar ga mente llo ra ba
Am E Am E E(add9b) Am
p p p p c a m i

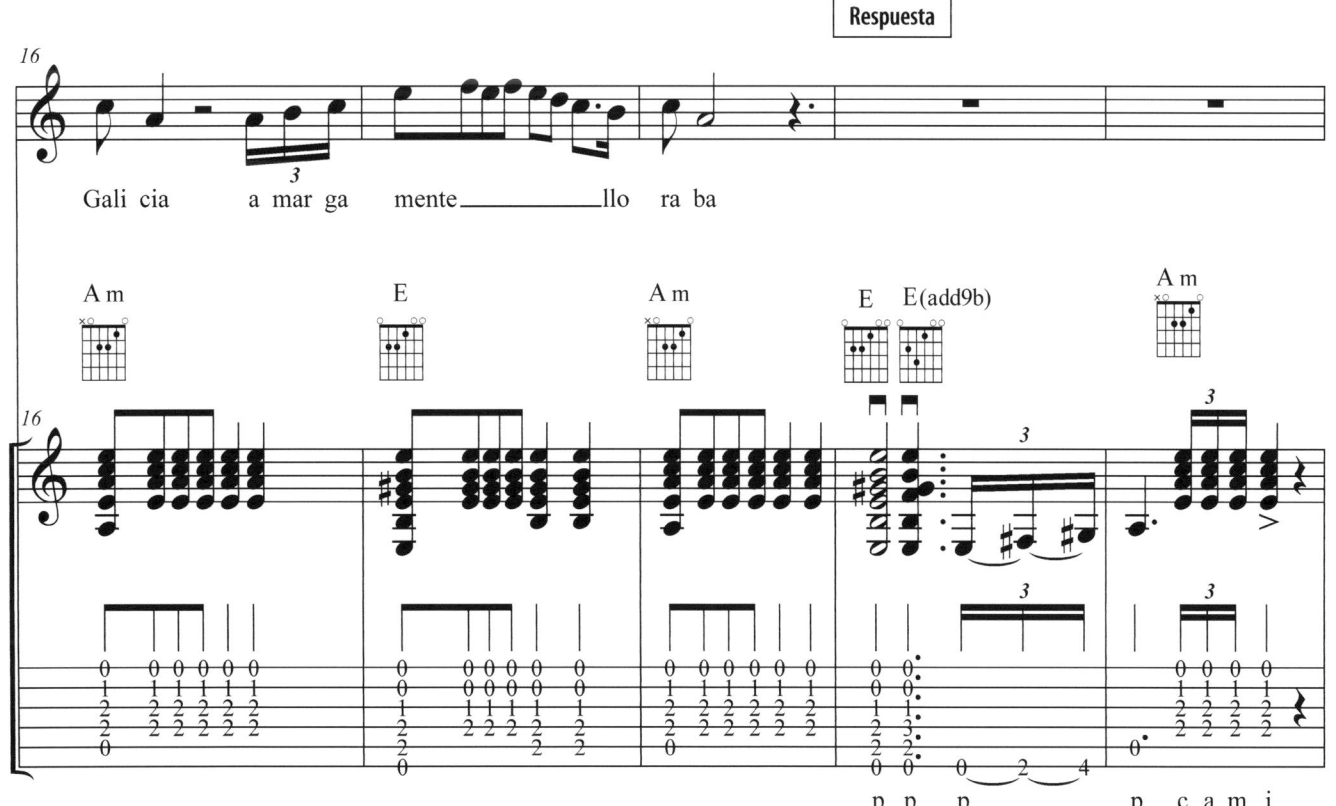

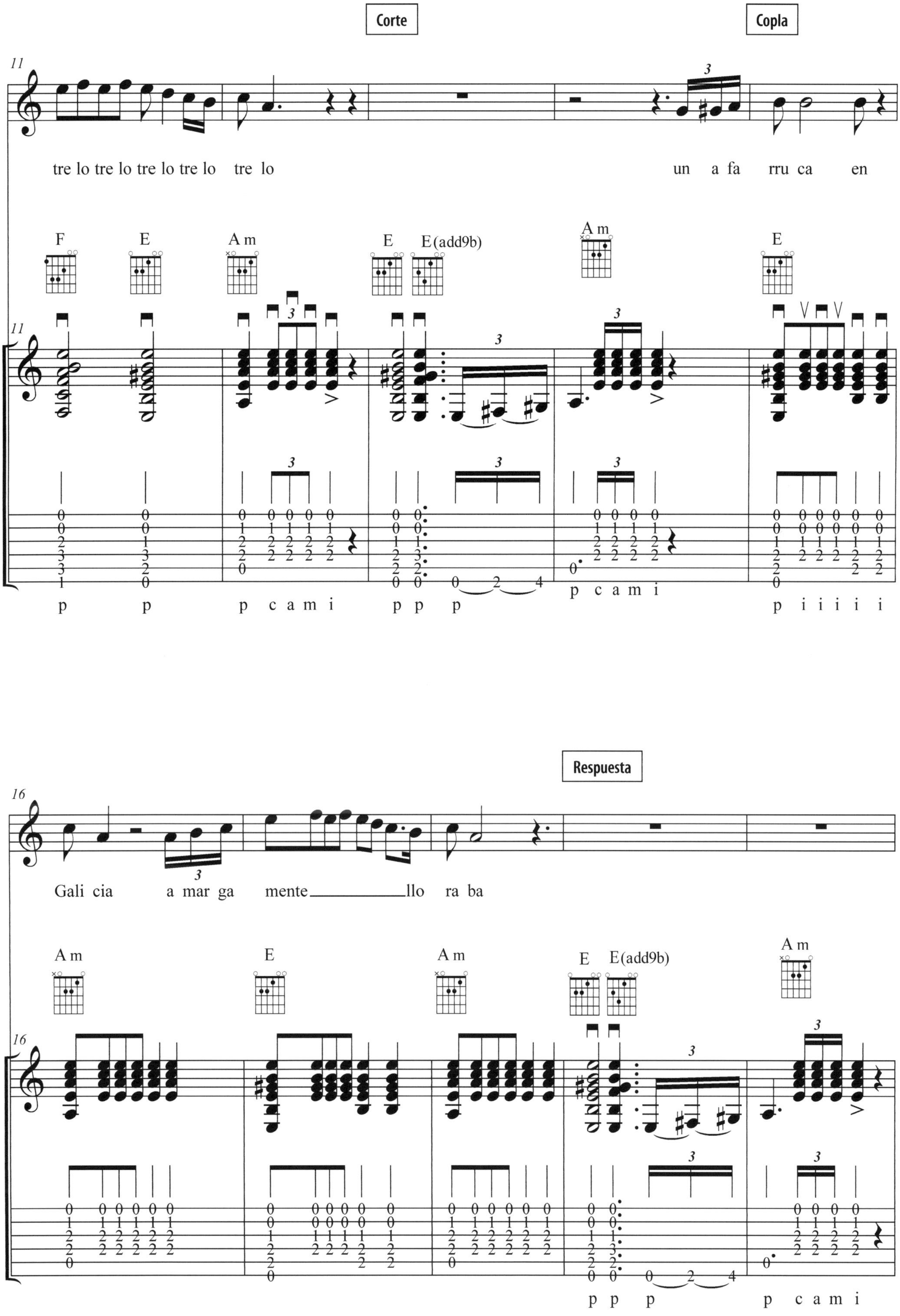

Copla

Farruca Compás

Llamada

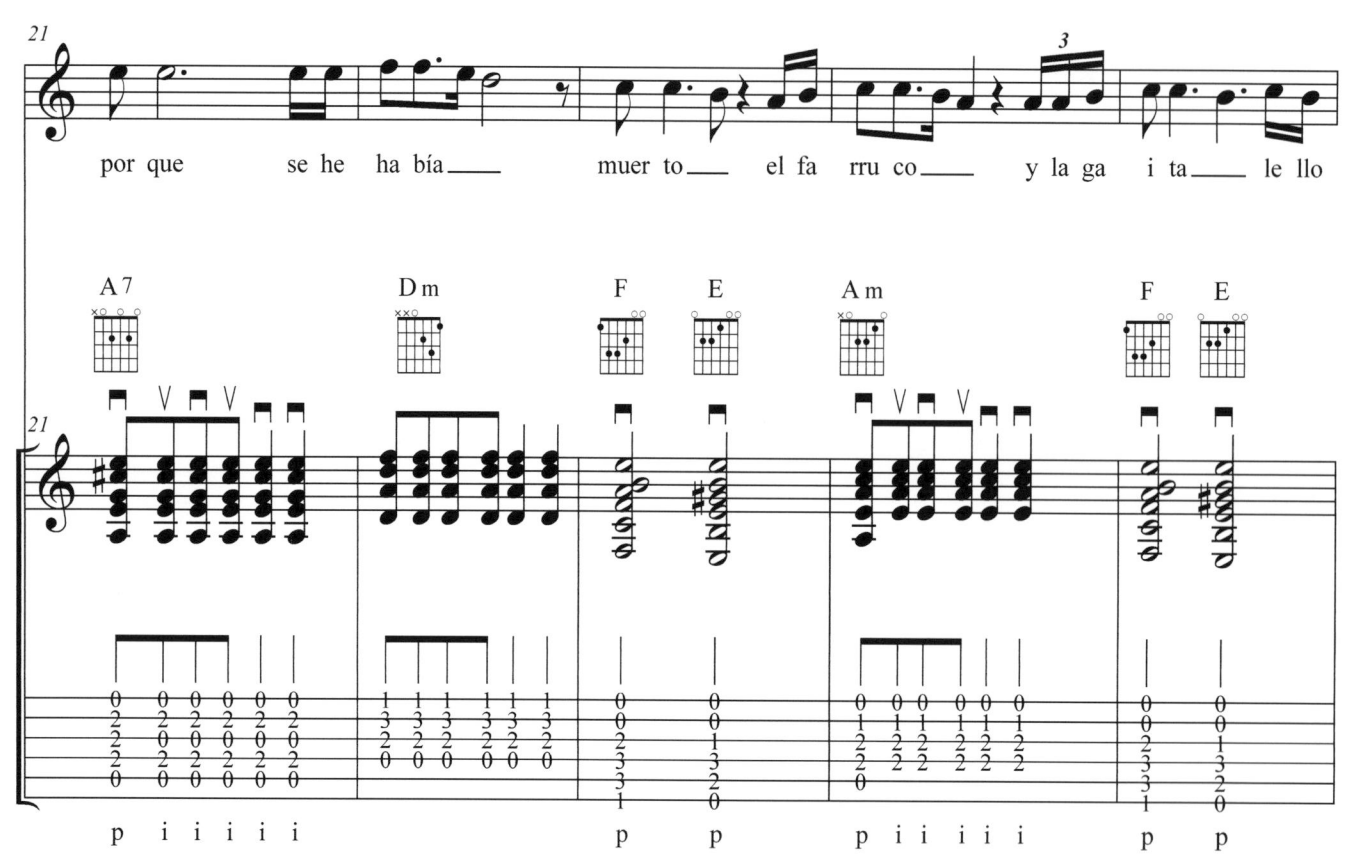

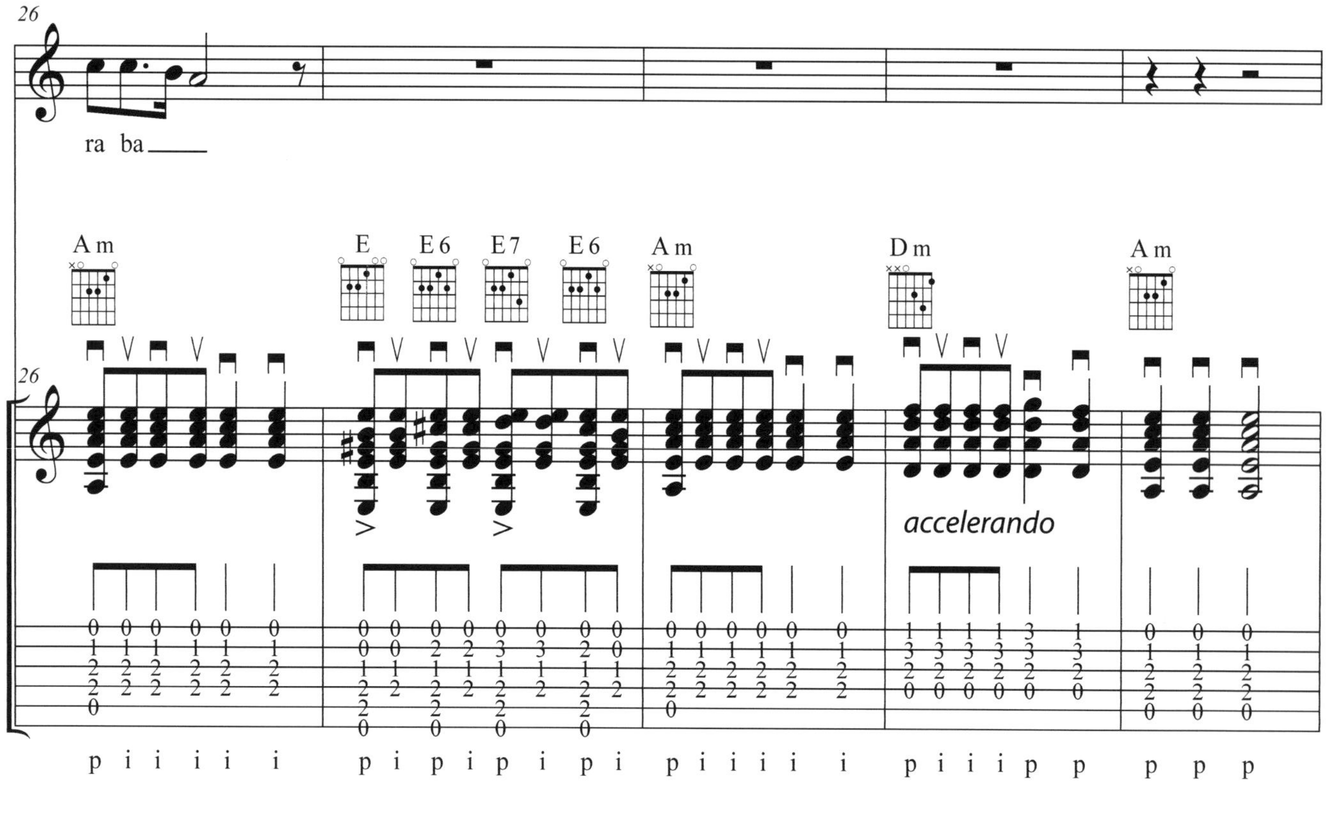

Kapitel 3 • Farruca

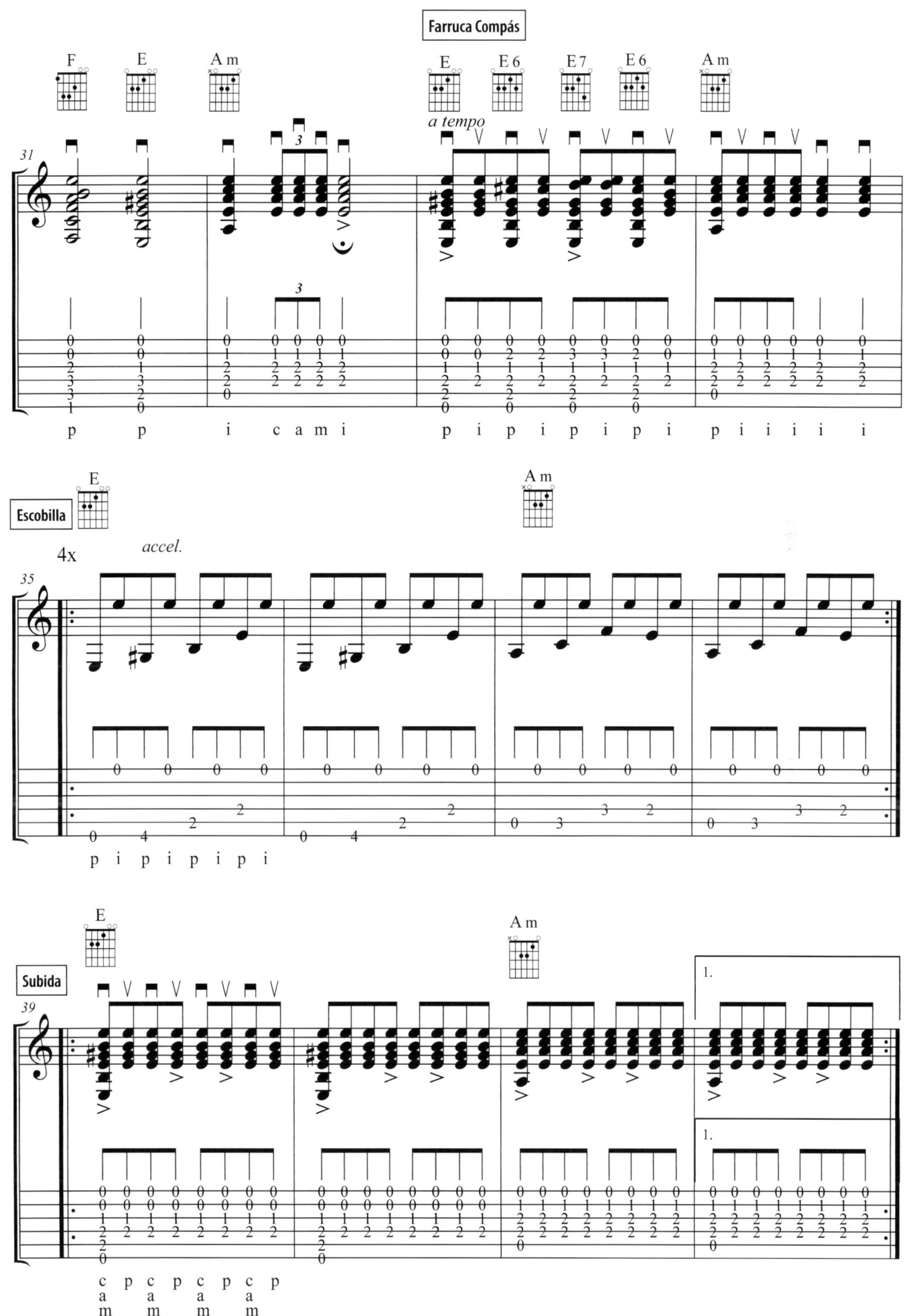

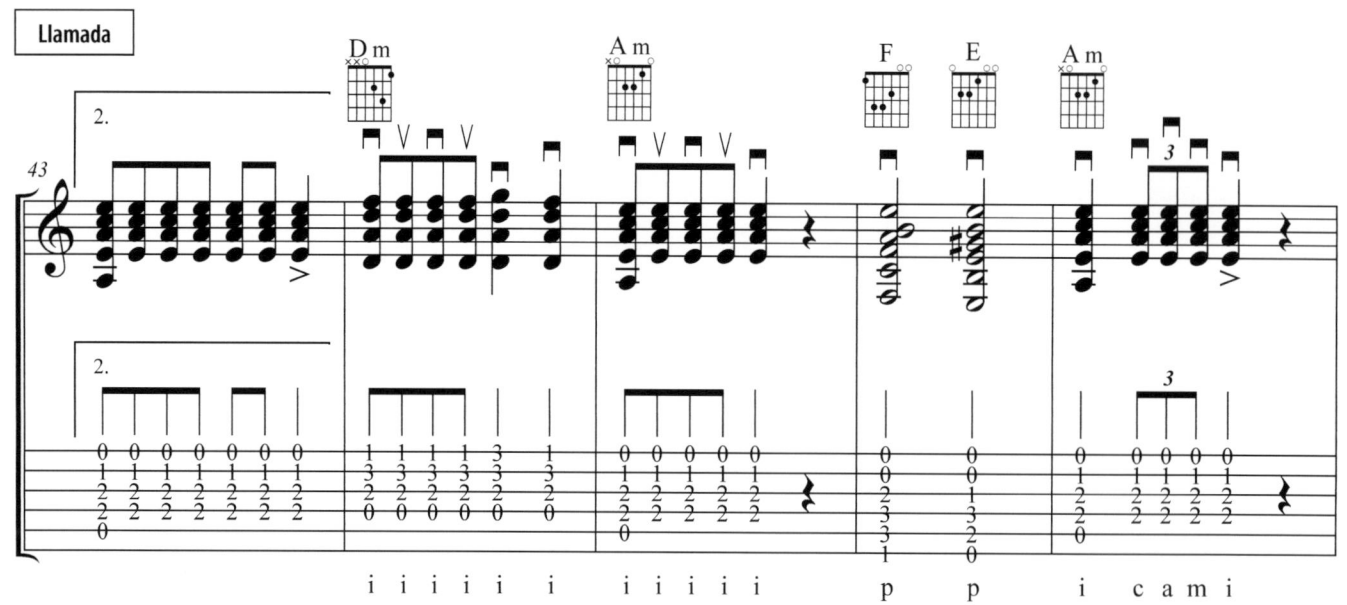
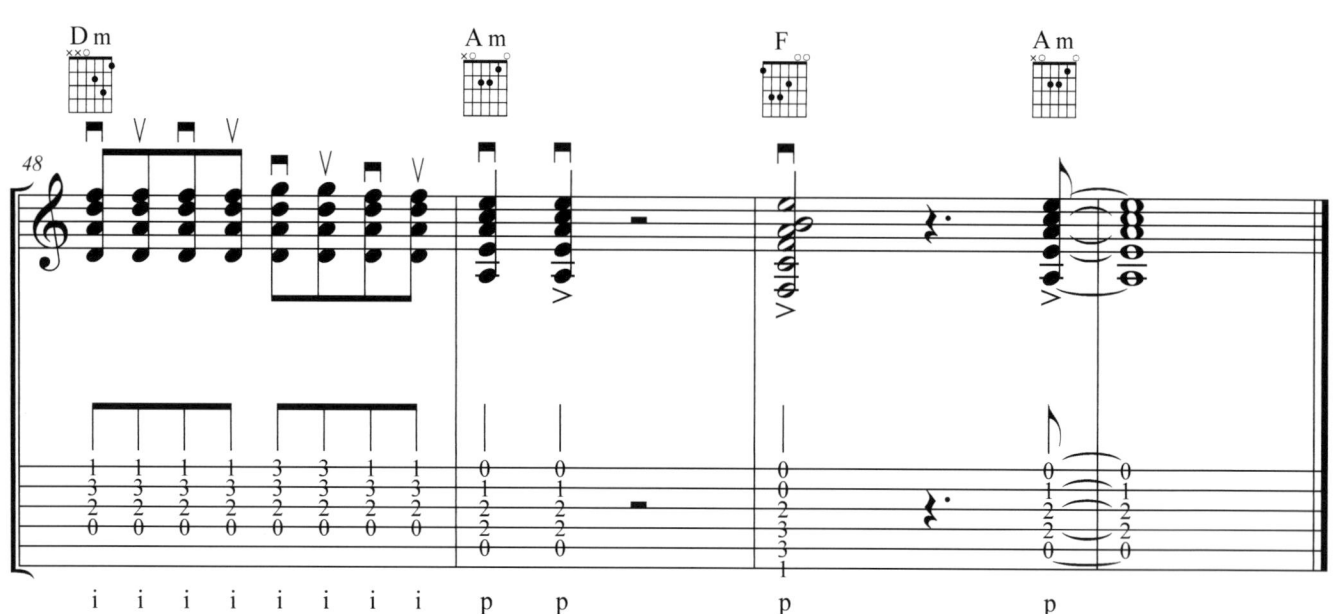

Kapitel 4
Sevillanas

Sevillanas

Die *Sevillanas* wird eigentlich nicht der Flamencotradition zugeordnet, sondern – genauer gesagt – der andalusischen Folklore, die auch im Flamenco vertreten ist. Sie ist ein Volkstanz, der zum Repertoire eines Flamenco-Gitarristen gehört.

Im Gegensatz zu den Tangos und der Farruca wird die Sevillanas im **3/4-Takt** gespielt. Zwei 3/4-Takte ergeben einen *Sevillanas-Compás*.

Der Sevillanas-Compás

Beginnen wir damit, einen *Sevillanas-Compás* zu klatschen.

Für diese *Sevillanas* werden wir die gleichen Akkorde wie für die Tangos gebrauchen:

„Por medio"-Position

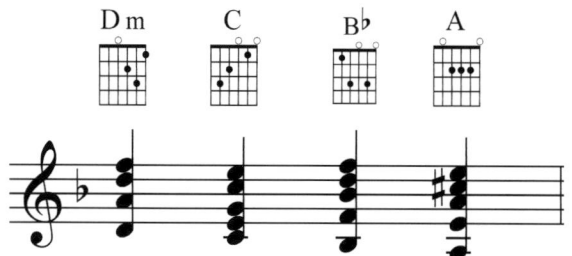

Stellen wir den ersten Sevillanas Compás zusammen.

 **Übung 1 Teil A**

Benutze den Finger „i", um die Akkorde A und Bb jeweils *drei Mal* anzuschlagen.

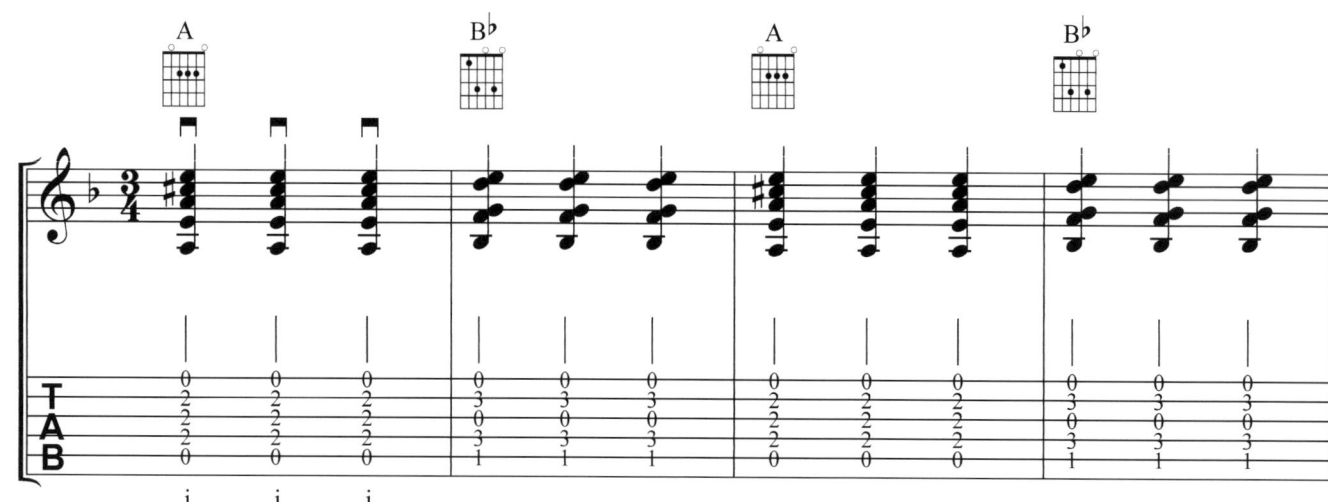

Übung 1 Teil B

Benutze nun den Finger „i", um den Akkord anzuschlagen. Anstatt mit drei Bb-Dur Anschlägen fortzufahren, spiele den Bb-Dur Akkord nur *zwei Mal* und gehe beim dritten Anschlag des zweiten Takts zum A zurück und wiederhole.

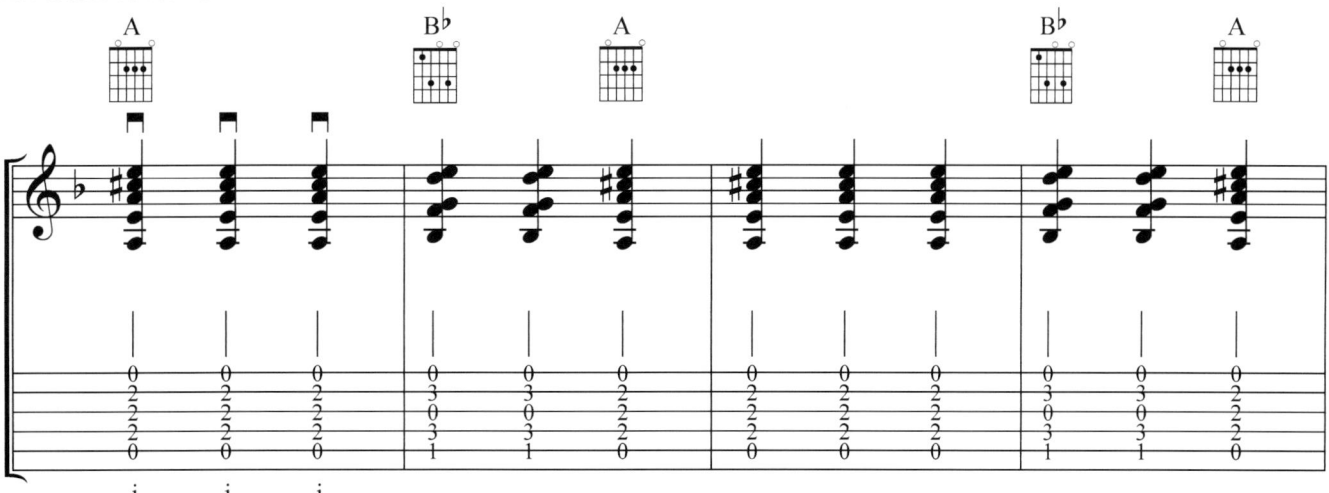

Übung 1 Teil C

Als Nächstes füge einen einfachen *3-Finger-Rasgueado* (vgl. S. 12) hinzu, den du mit den Fingern „a", „m" und „i" ausführst. Mit einem *4-Finger-Rasgueado*, das ja bereits bei den Tangos und der Farruca vorkam, akzentuieren wir den letzten Anschlag des Rasgueado durch einen *„i-Finger Golpe"*.

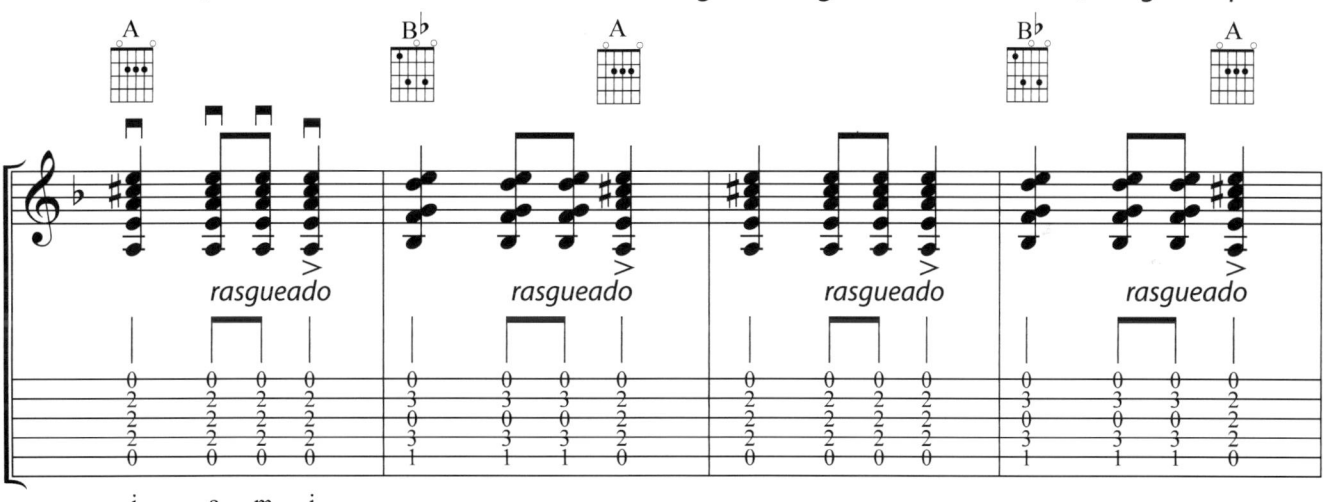

Übung 1 Teil D

Um den Sevillanas-Compás zu beenden, *verdoppeln* wir das *3-Finger-Rasgueado* pro Takt.

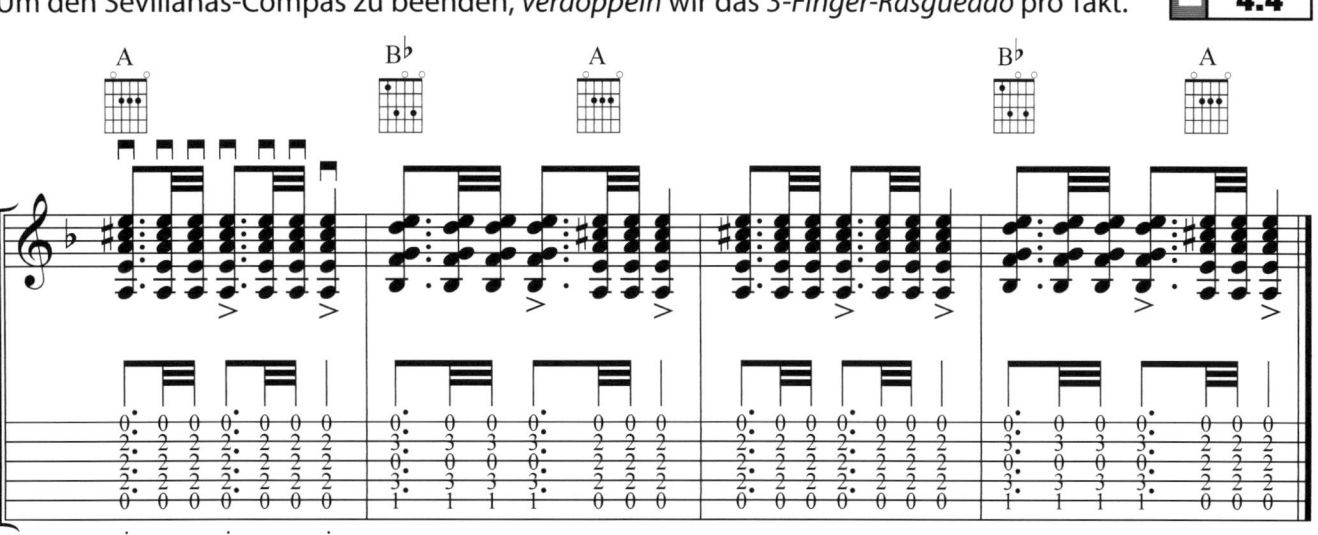

Übung 2 Corte Teil A

Sevillanas — DVD 4.5

Wie bei den Tangos und der Farruca darf bei der Sevillanas eine *Corte* nicht fehlen. Die Corte für Sevillanas besteht aus *drei Takten* mit einem *Golpe* auf dem dritten Schlag des ersten und dritten Takts.

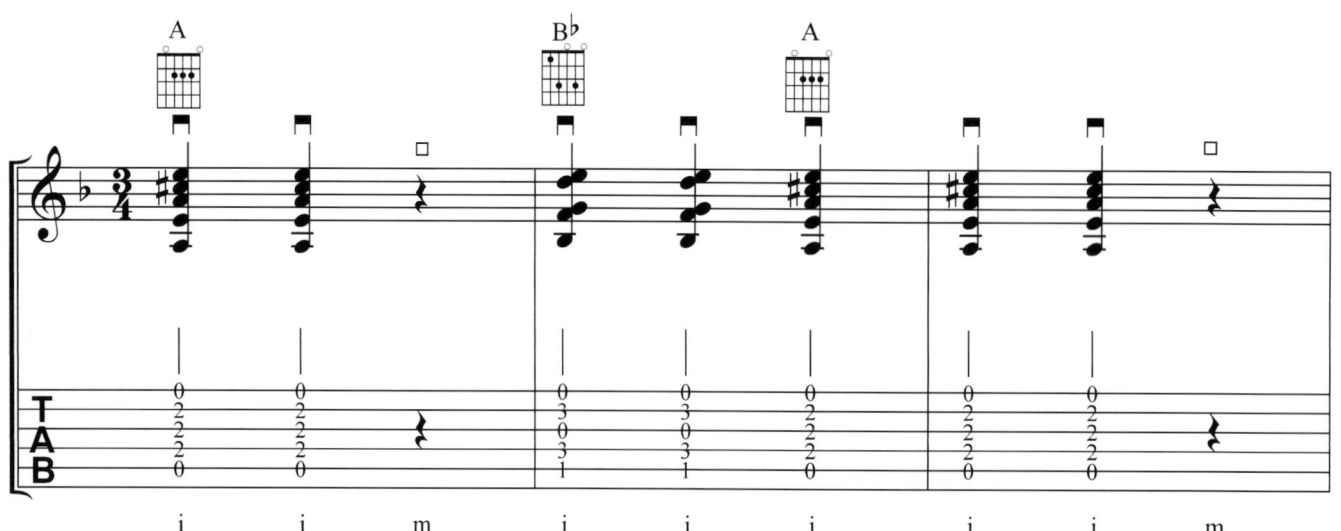

Übung 2 Corte Teil B

Sevillanas — DVD 4.6

Füge jetzt das verdoppelte *3-Finger-Rasgueado* der Corte hinzu.

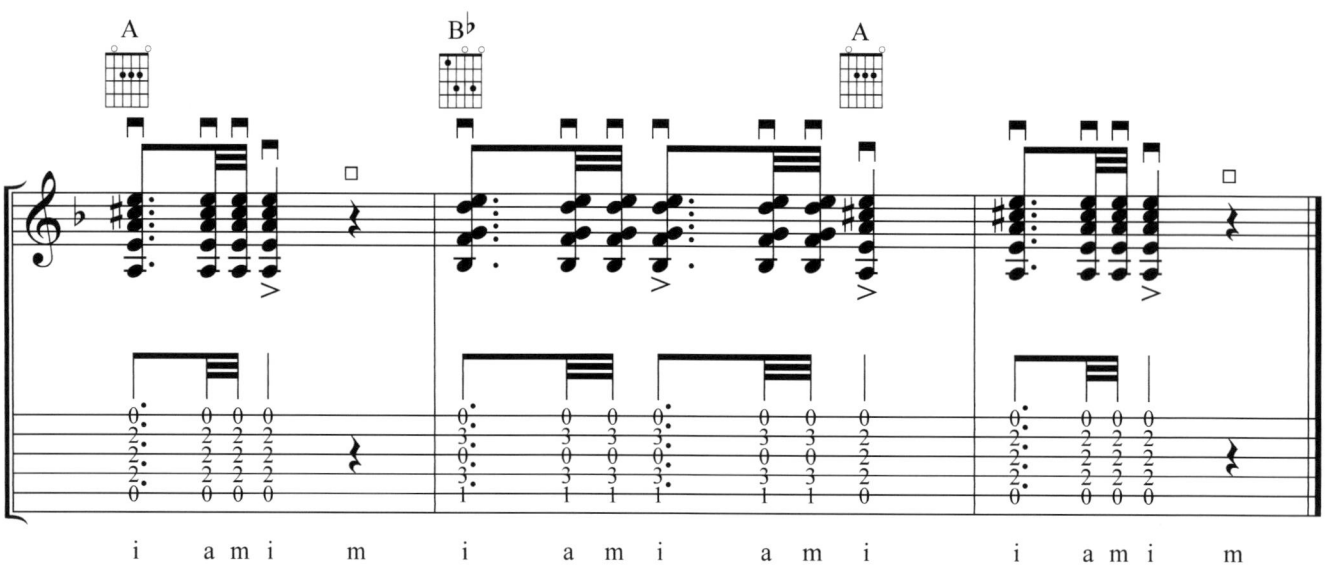

Übung 3 Copla (Strophe)

Spiele die Akkorde der Strophe mit dem verdoppelten *3-Finger-Rasgueado*. Achte auf den vorgezogenen Akkordwechsel in Takt 4, Takt 6 und Takt 8.

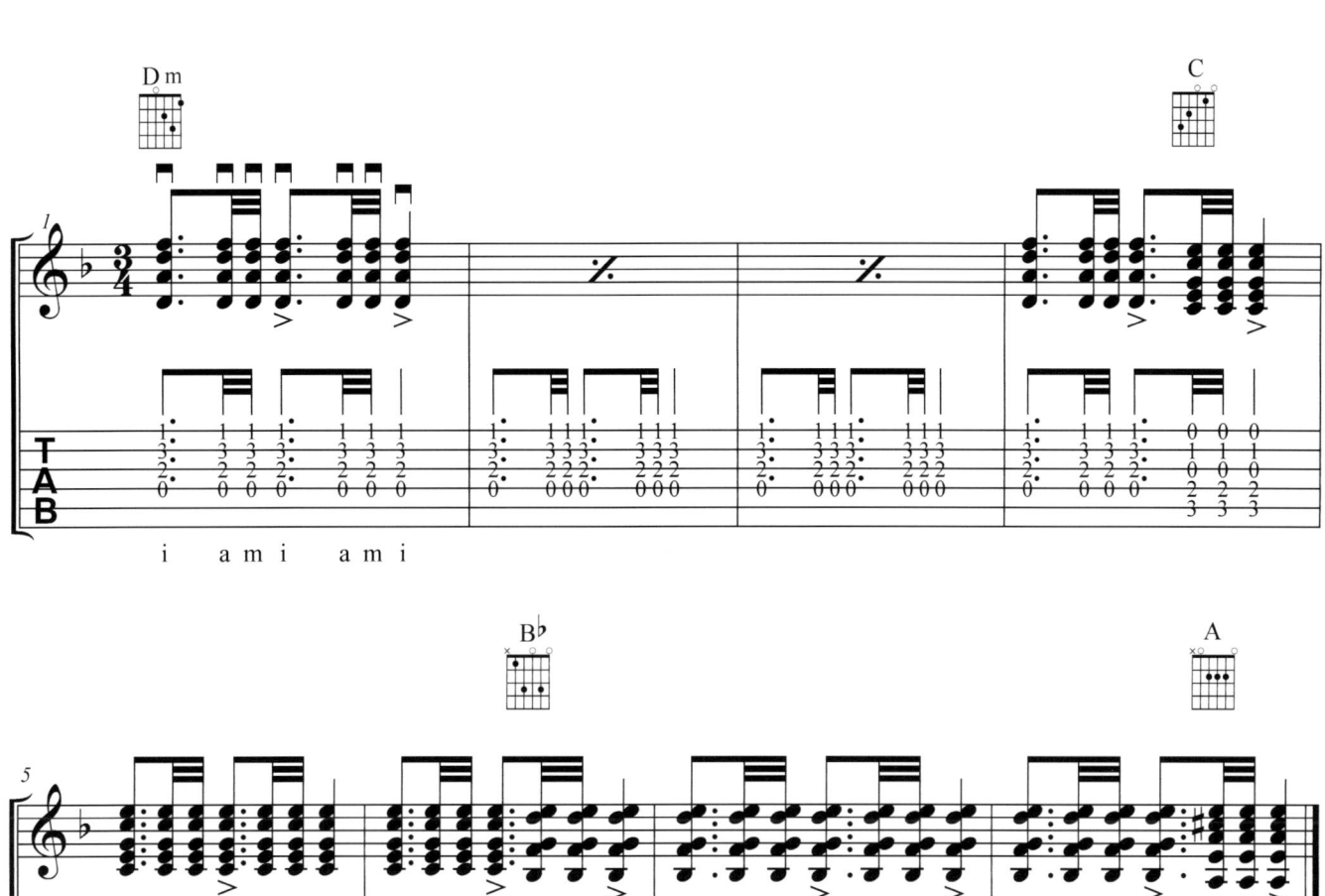

Übung 4 Refrain

Sevillanas 4.8 Der Refrain unterscheidet sich von der Strophe nur durch die verwendeten Akkord-Harmonien. Er endet mit einer Pause auf dem zweiten und dritten Schlag, bevor das ganze Stück wiederholt wird. In der Regel wird dieser Sevillanas-Zyklus insgesamt vier Mal wiederholt.

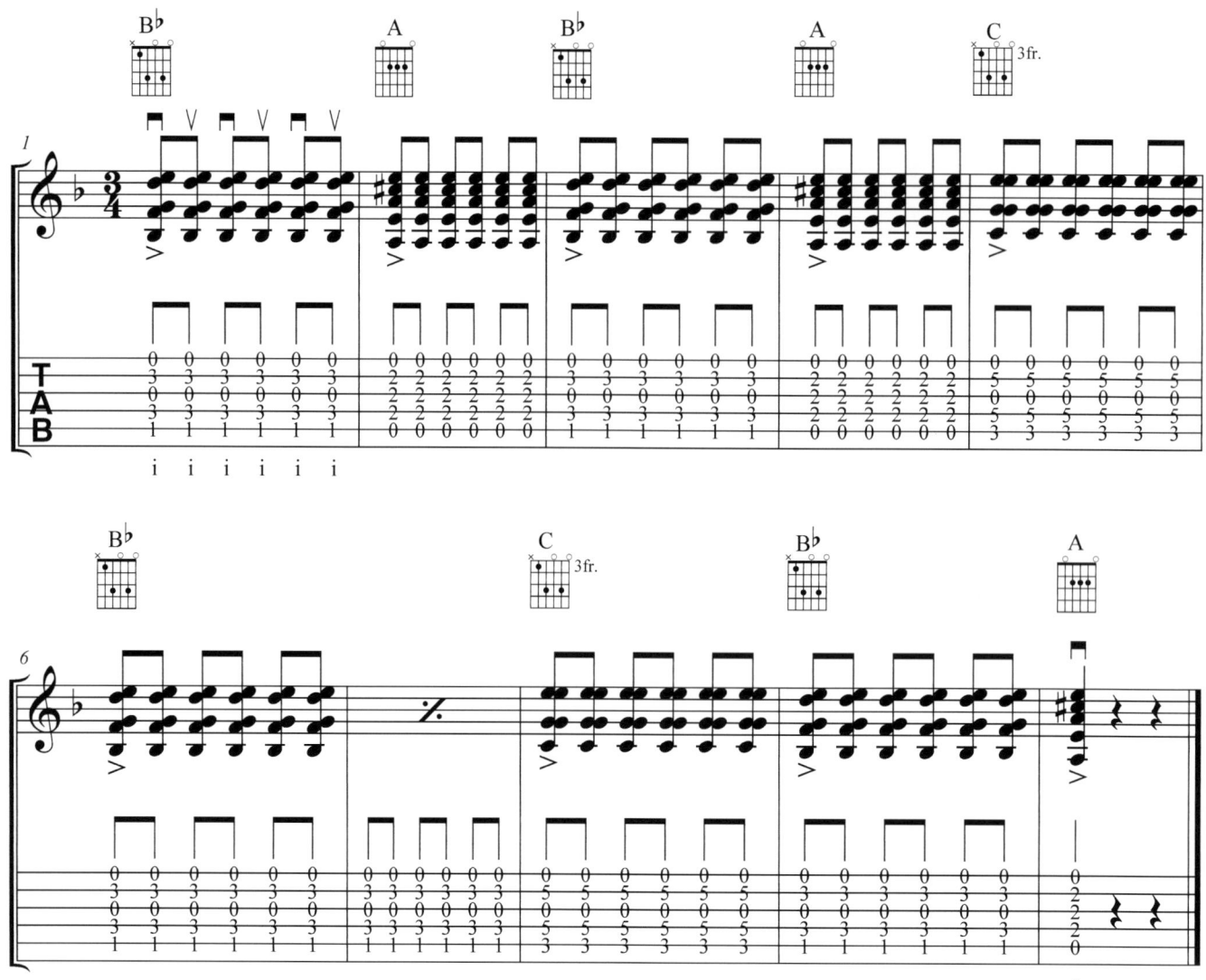

Spiele nun die komplette Sevillanas als Lied- und Tanzform. Wiederhole diesen Zyklus drei Mal, um die Sevillanas als Form mit vier Strophen zu vervollständigen.

Luna y Romero

Vortragsstück • Luna y Romero

Musik & Text: Traditional
Bearbeitung: Robert Collomb

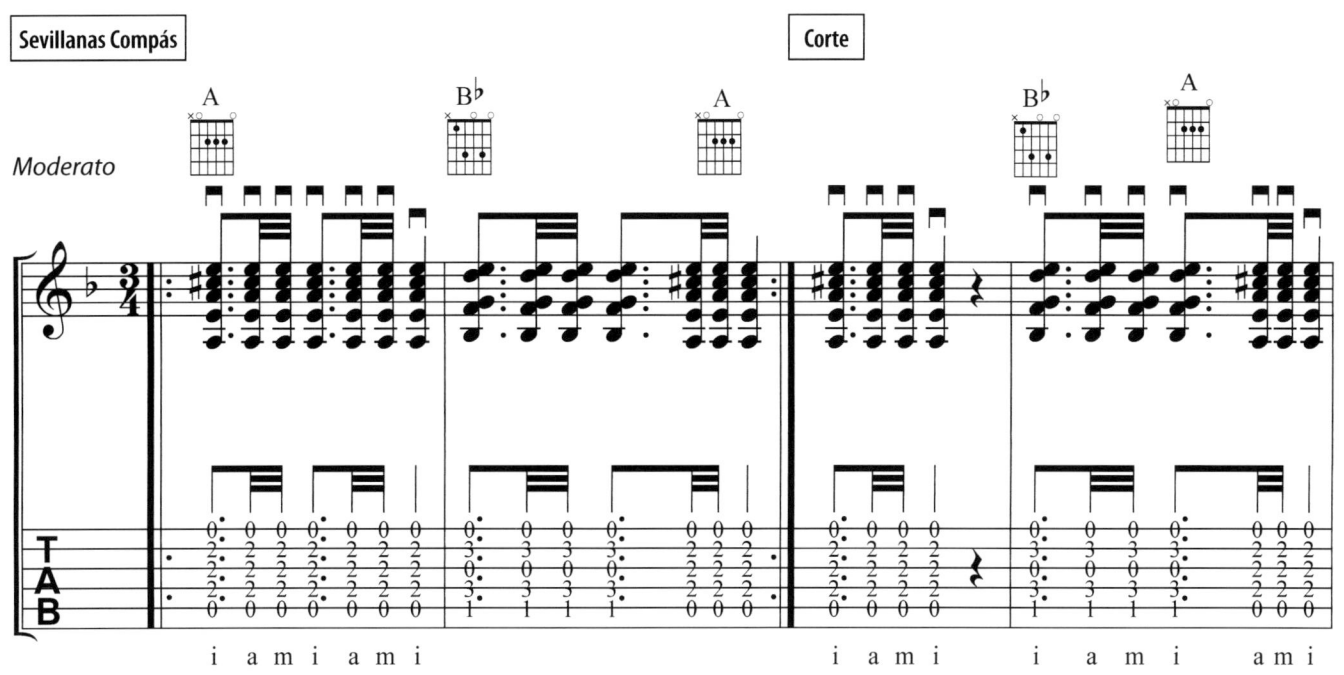

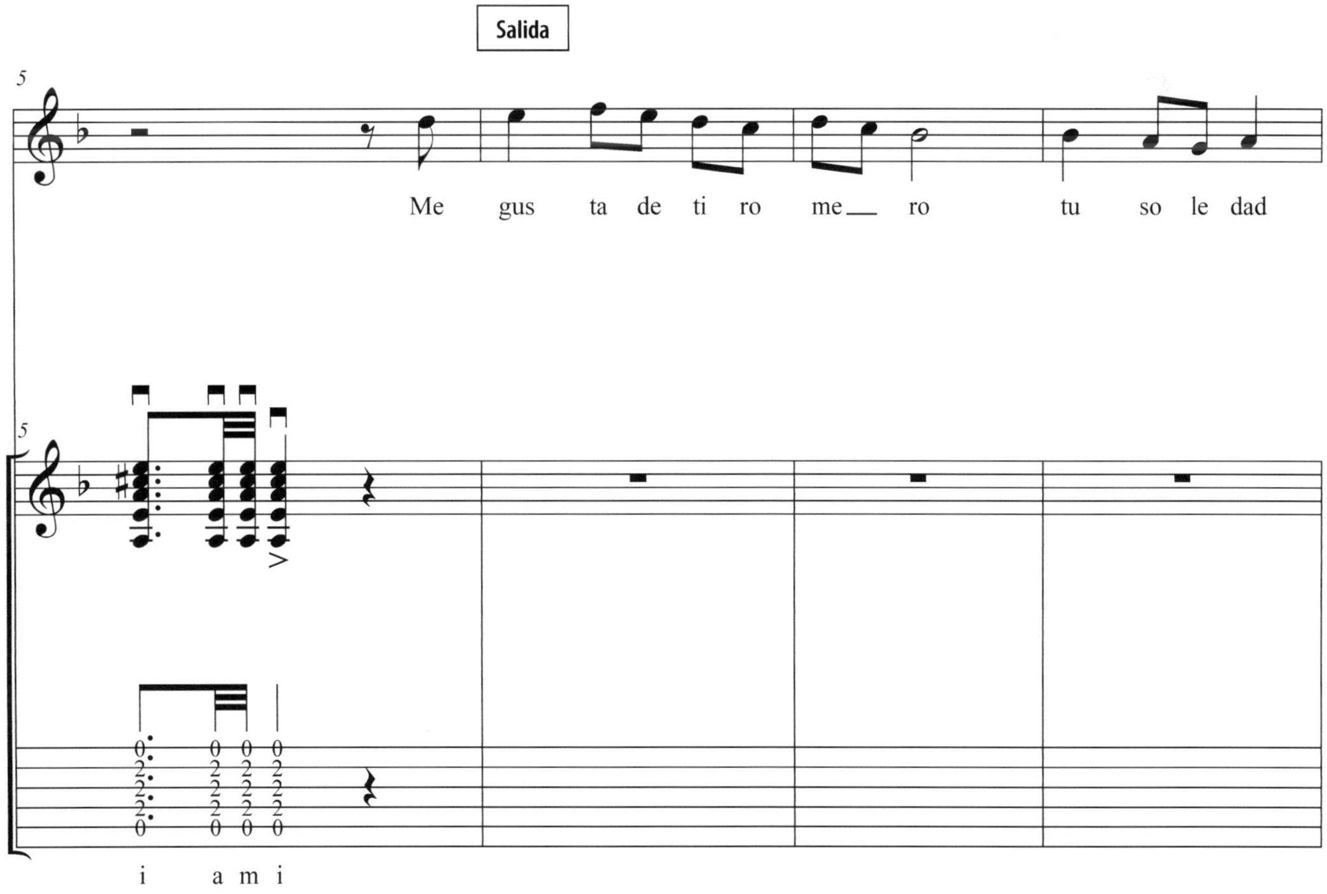

Corte
Copla
A
B♭
A
Dm
tu sol e dad
de ma dru gada
i ami
i a m i a m i
i ami
i a m i a m i
me gu sta de ti ro mer o
lle vas el si len ci o
tu sol e dad
como ben di ción
C

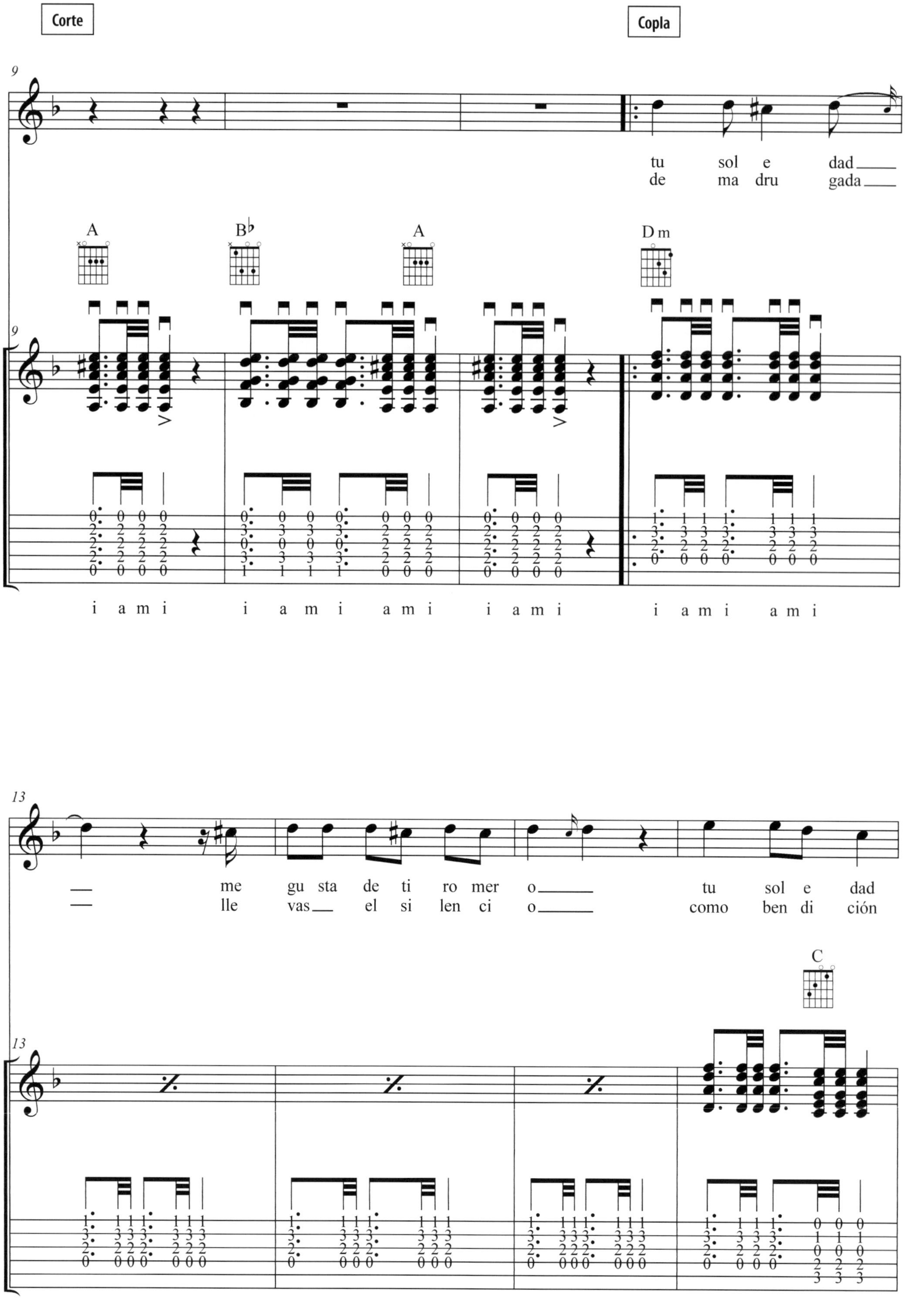

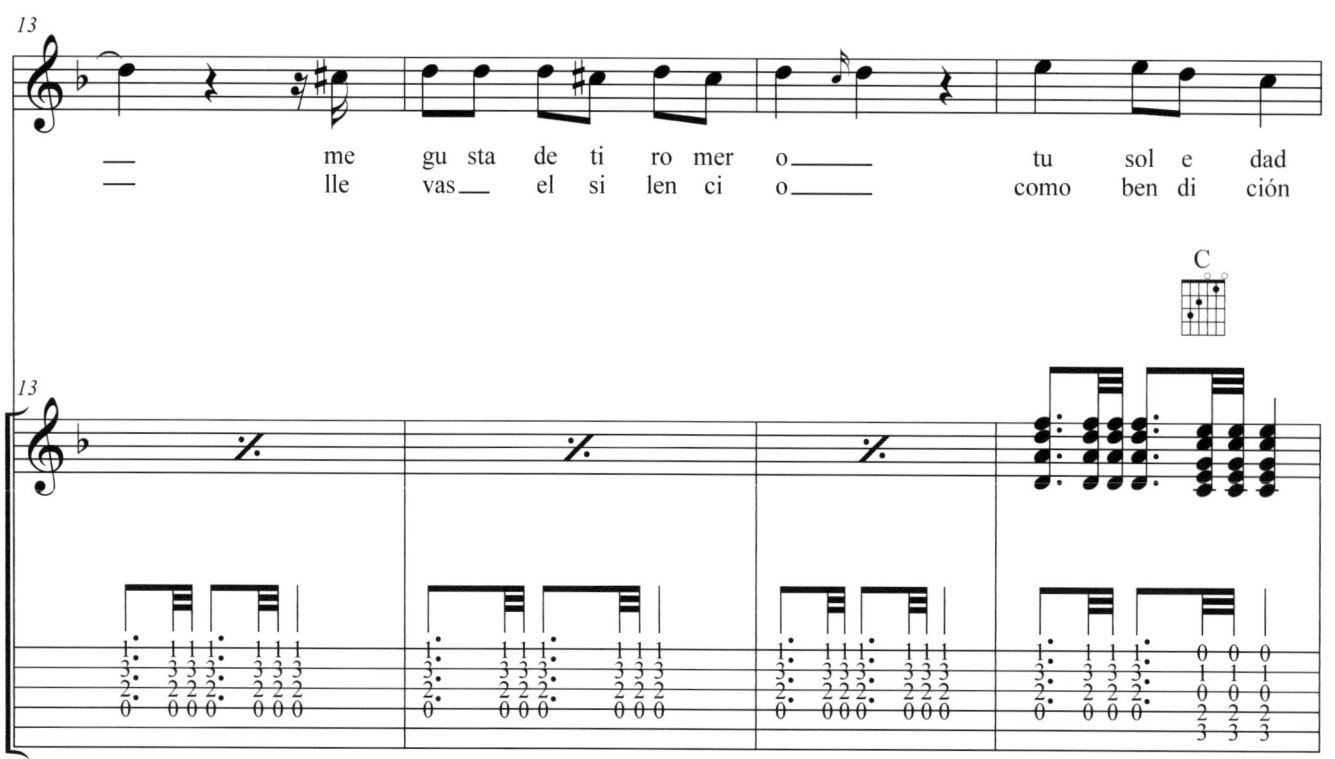

Vortragsstück • Luna y Romero

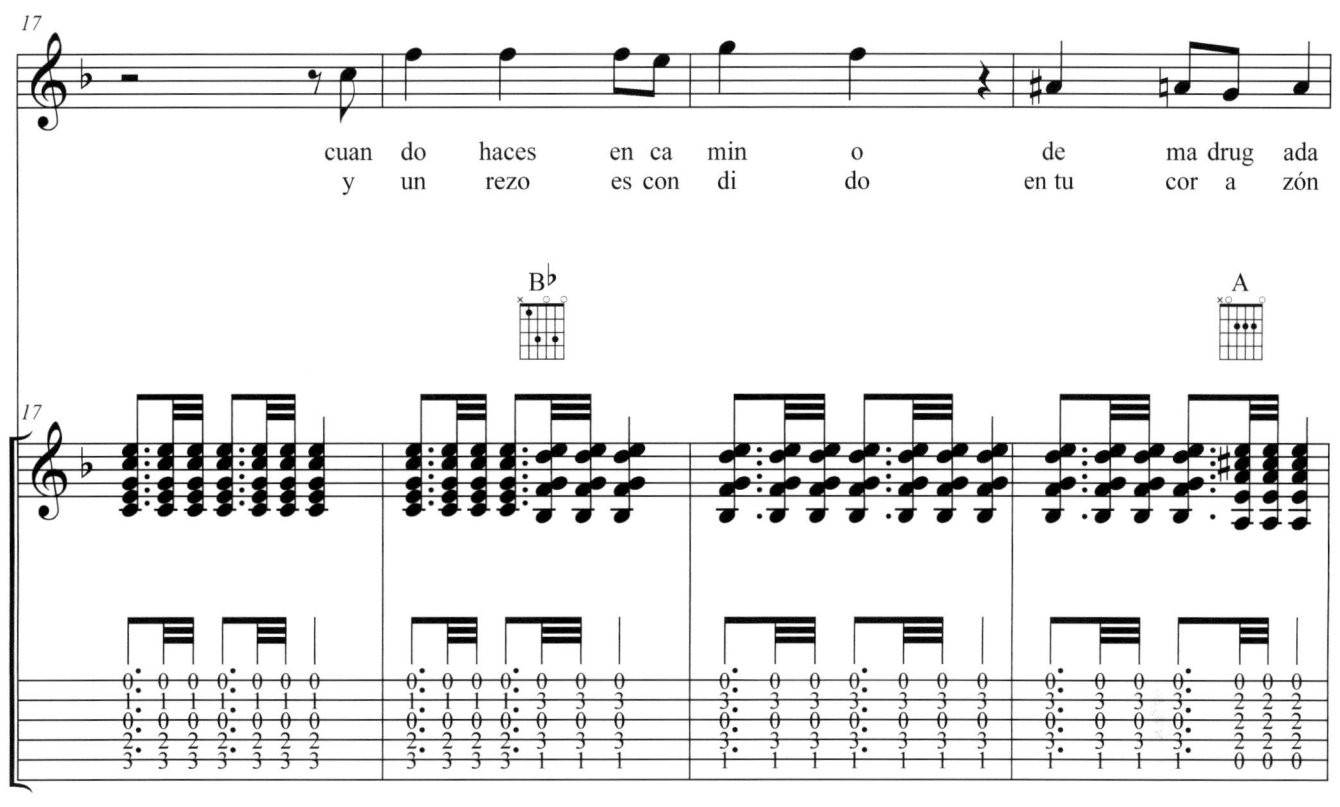

Corte   **Refrain**

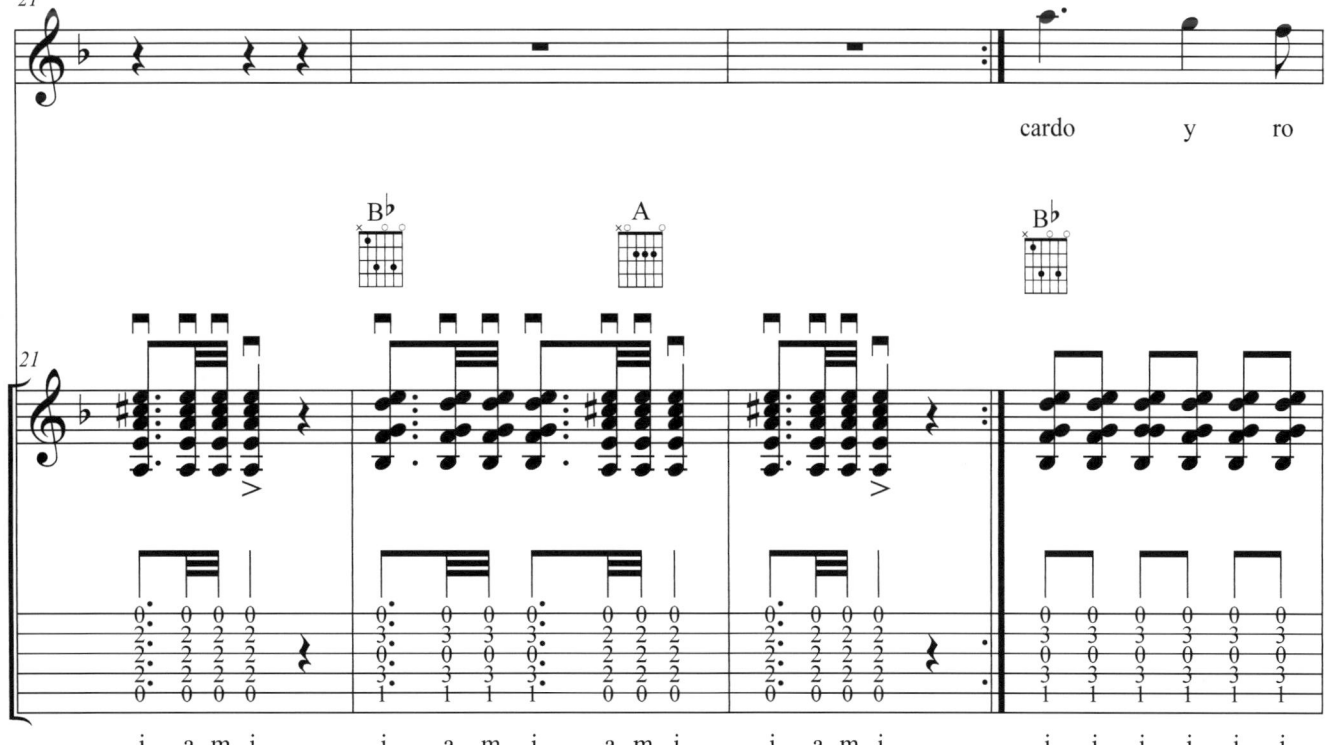

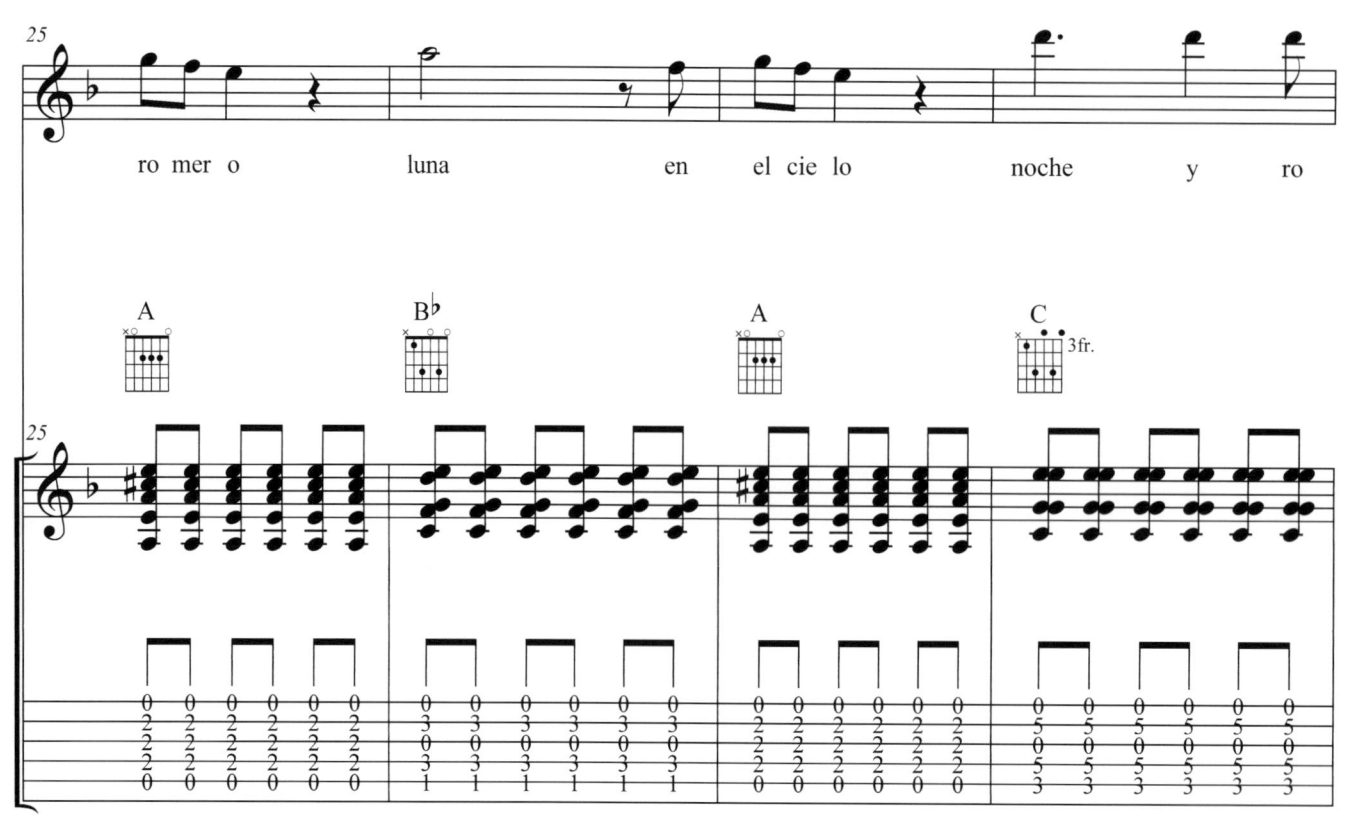

1. Strophe
Me gusta de ti romero, tu soledad
Tu soledad, cuando haces el camino,
de madrugada
Llevas el silencio como bendición
Y un rezo escondido en tu corazón

Refrain
Cardo y romero
Luna en el cielo
Siempre haré tu camino
Aunque me muera de frio

2. Strophe
A la luz de una candela yo me dormí
Yo me dormi,
y en sueños vi la pastora junto a mi
Su cara dorada, ternura y pasión
Que pena que el alba me despertó
Refrain

3. Strophe
Seguí con la luz del día mi caminar
Mi Caminar,
pensando sólo en su cara quise llegar
Hasta esa blanca paloma, madre de Dios
Pa decirle yo te quiero de corazón
Refrain

4. Strophe
No sé que sentí Rocío, cuando te vi,
Cuando te vi,
cuando tuve tu mirada cerca de mi,
Me puse a tu lao. Lloré de emoción
Por fin este sueño ya se cumplió.
Refrain

Guitar Atlas
Alfreds Reihe zum Thema Weltmusik
— Your passport to a new world of music —

**Guitar Atlas
FLAMENCO**
ISBN 978-0739024782

**Guitar Atlas
BRAZIL**
ISBN 978-0739024768

**Guitar Atlas
CUBA**
ISBN 9780739073011

**Guitar Atlas
JAMAICA**
ISBN 978-0739062814

**Guitar Atlas
AFRICA**
ISBN 978-0739024744

**Guitar Atlas
INDIA**
ISBN 978-0739036006

**Guitar Atlas
CHINA**
ISBN 978-0739062791

**Guitar Atlas
JAPAN**
ISBN 978-0739043035

**Guitar Atlas
RUSSIA**
ISBN 978-0739062807

**Guitar Atlas
MIDDLE EAST**
ISBN 978-0739035993

**Guitar Atlas
CELTIC**
ISBN 978-0739035986

**Guitar Atlas
ITALY**
ISBN 978-0739043028

Alfred Music Publishing
LEARN • TEACH • PLAY

Kapitel 5

Variationen

Variationen

Alle bis hier gelernten Grundformen können natürlich variiert werden, wie z. B. der Tangos Compás ...

Tangos Compás-Variation

Kapitel 5 • Variationen

... oder der Rumbaschlag ...

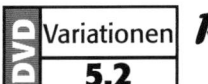 Variationen 5.2 *Rumba*

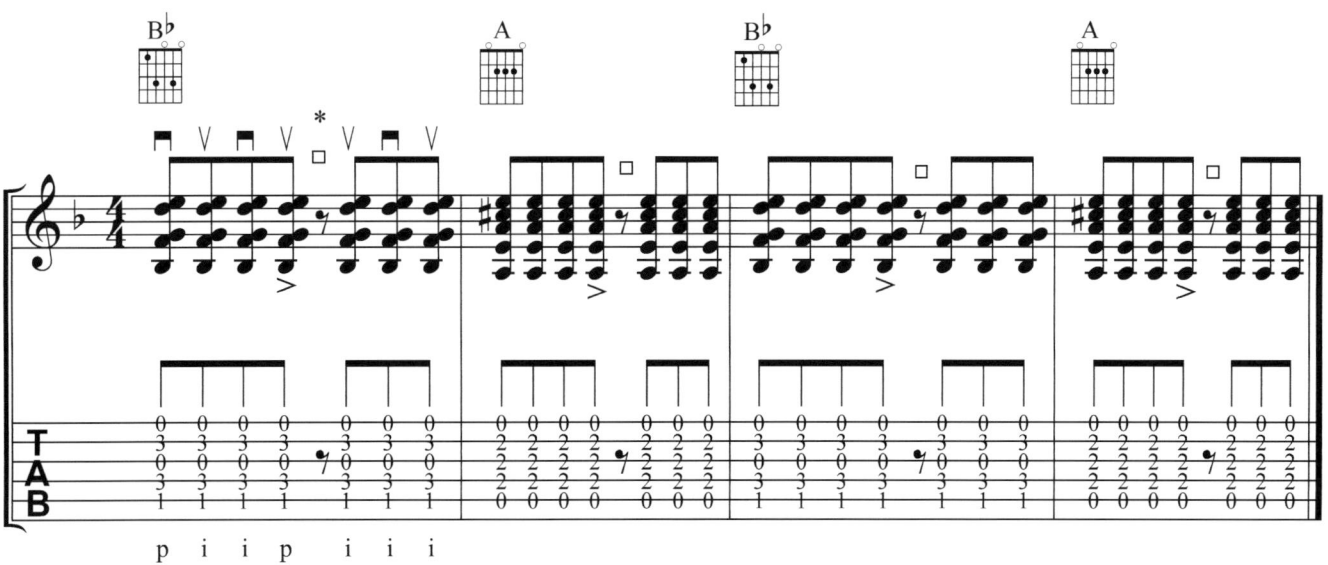

* *Ein Golpe, bei dem die rechte Hand zum Abdämpfen auf die Saiten gelegt wird.*

... oder die Tangos Falseta Variation ...

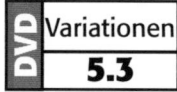
Tangos Falseta Variation

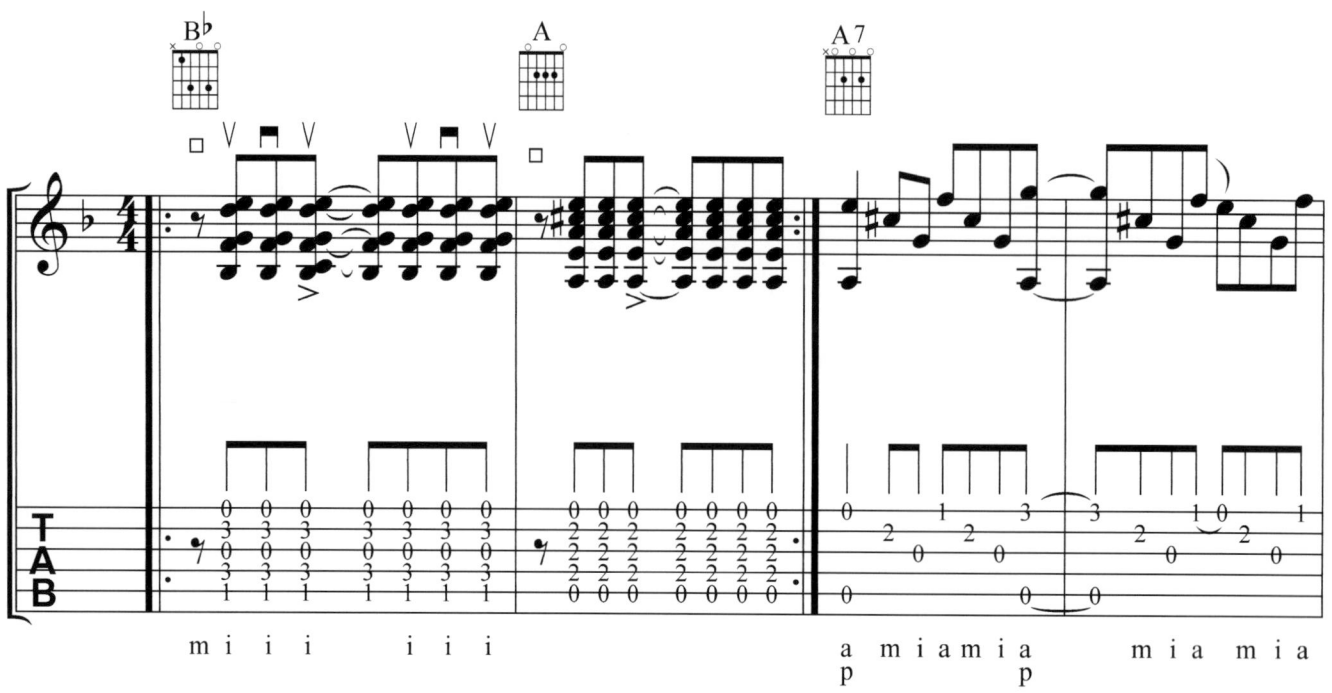

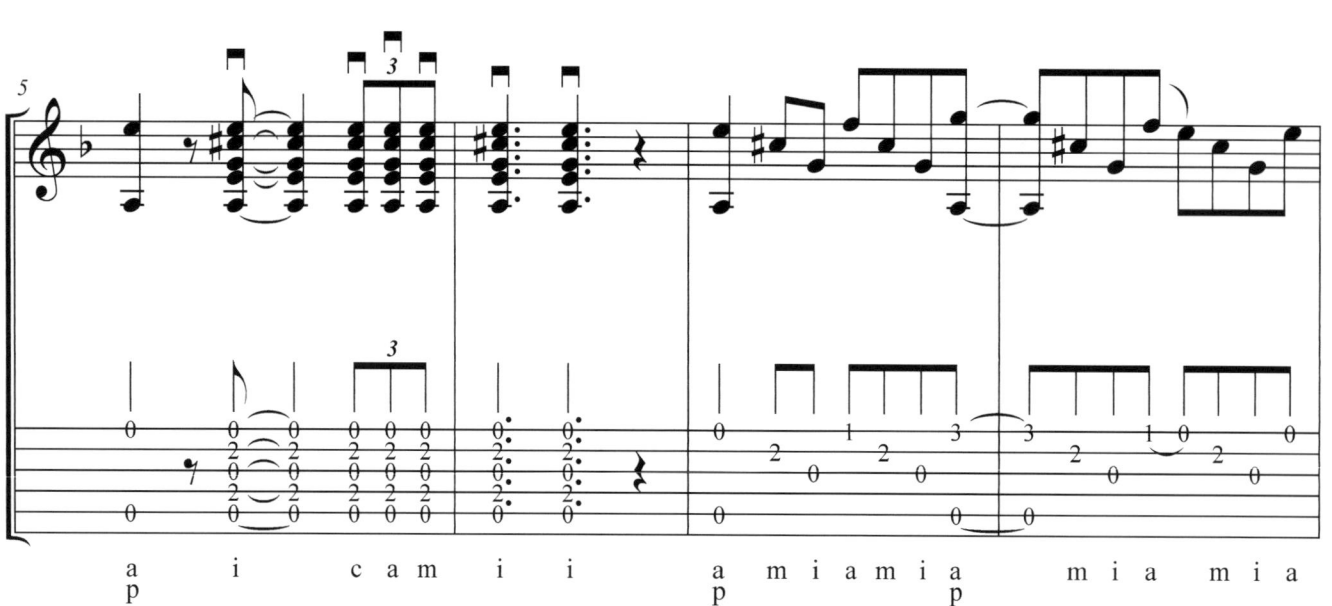

Kapitel 5 • Variationen

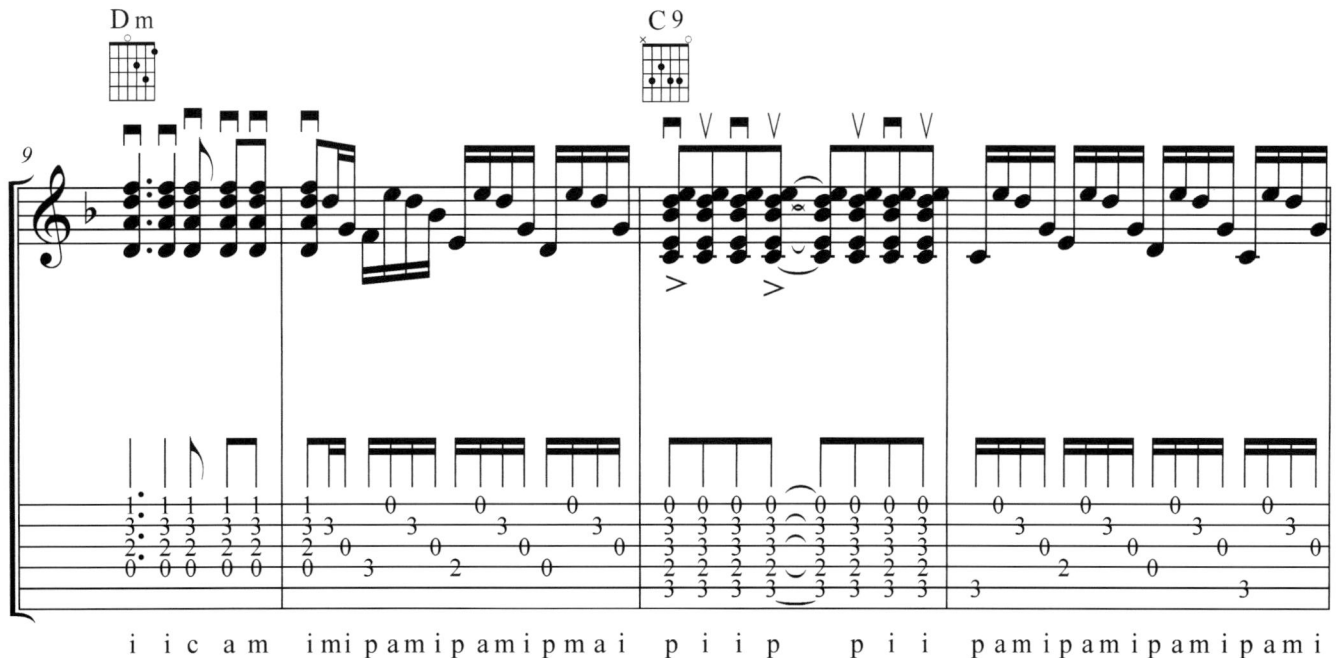

Alle diese und andere Variationen finden Anwendung in den nächsten Stücken.

Sevillanas del siglo XVIII
(para bailar)

Musik & Text: Garcia Lorca (1898 – 1936) Bearbeitung: Robert Collomb

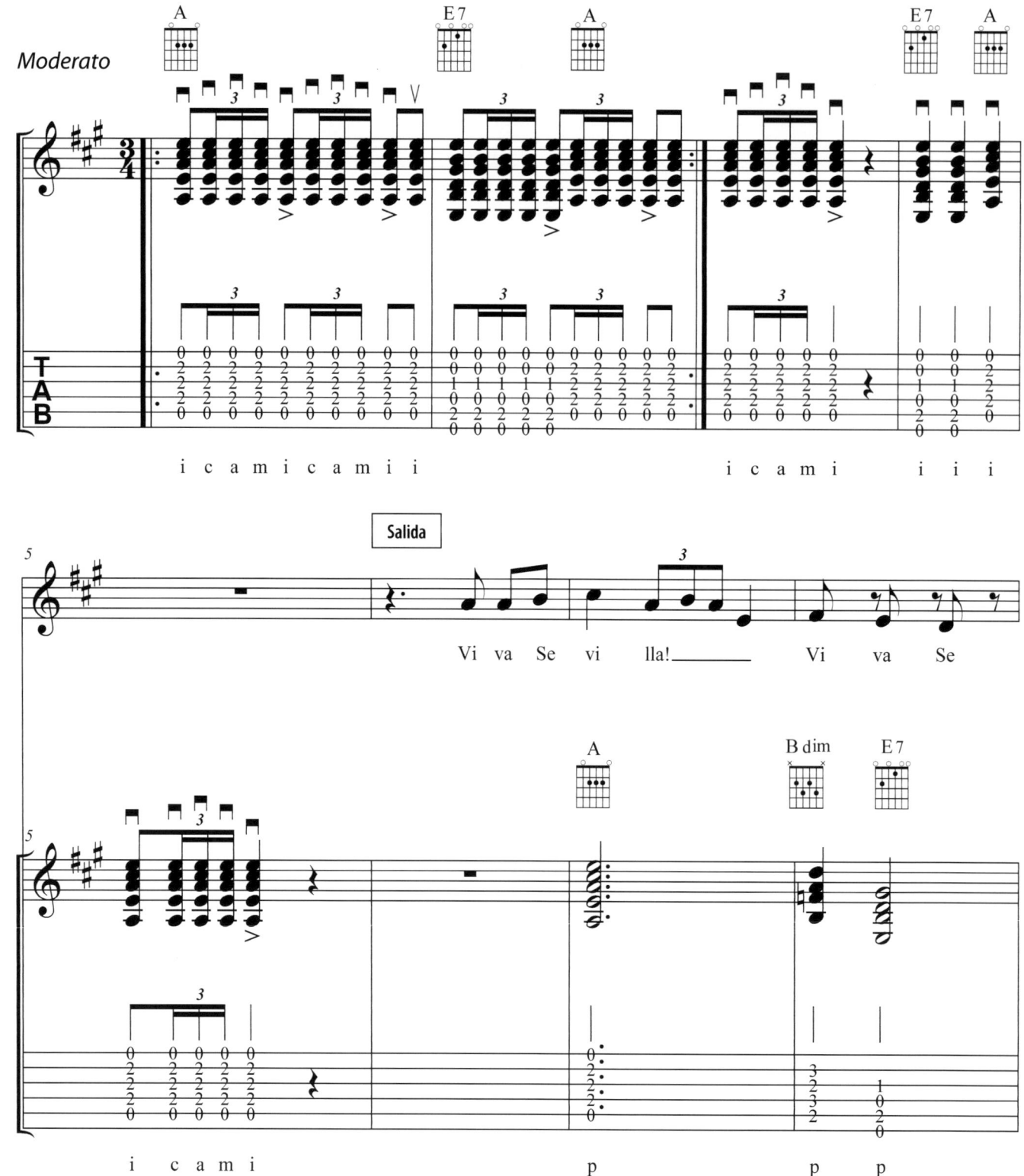

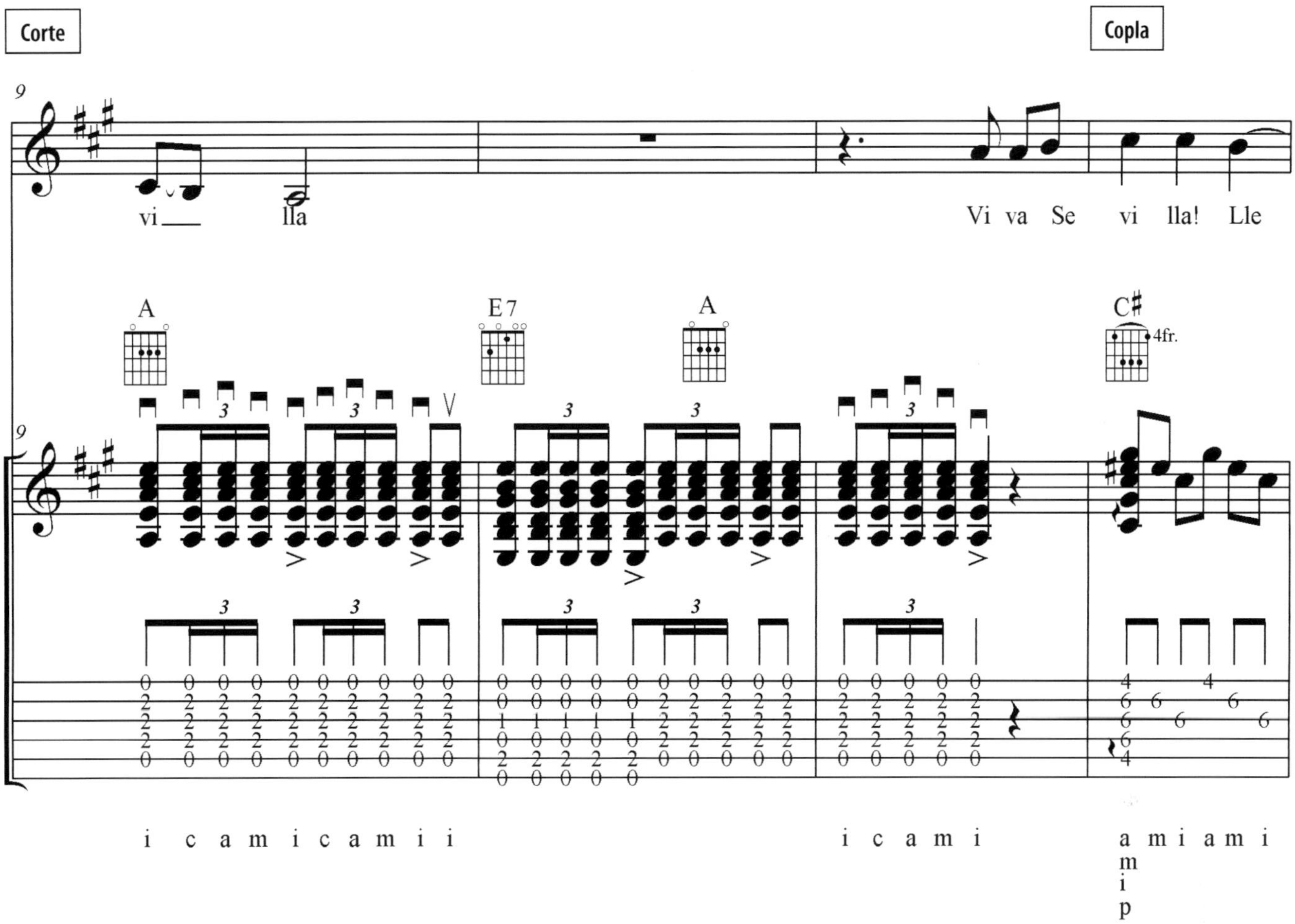
Corte
Copla
vi lla
Vi va Se vi lla! Lle
A
E7
A
C♯
4fr.
i c a m i c a m i i
i c a m i
a m i a m i
m
i
p

van las se vi lla nas
en la man ti lla un
C♯7
4fr.
D
Bm7
Bdim
E7
a m i a m i a m i a m i a m i a m i a m i a m i
p p p p p p p

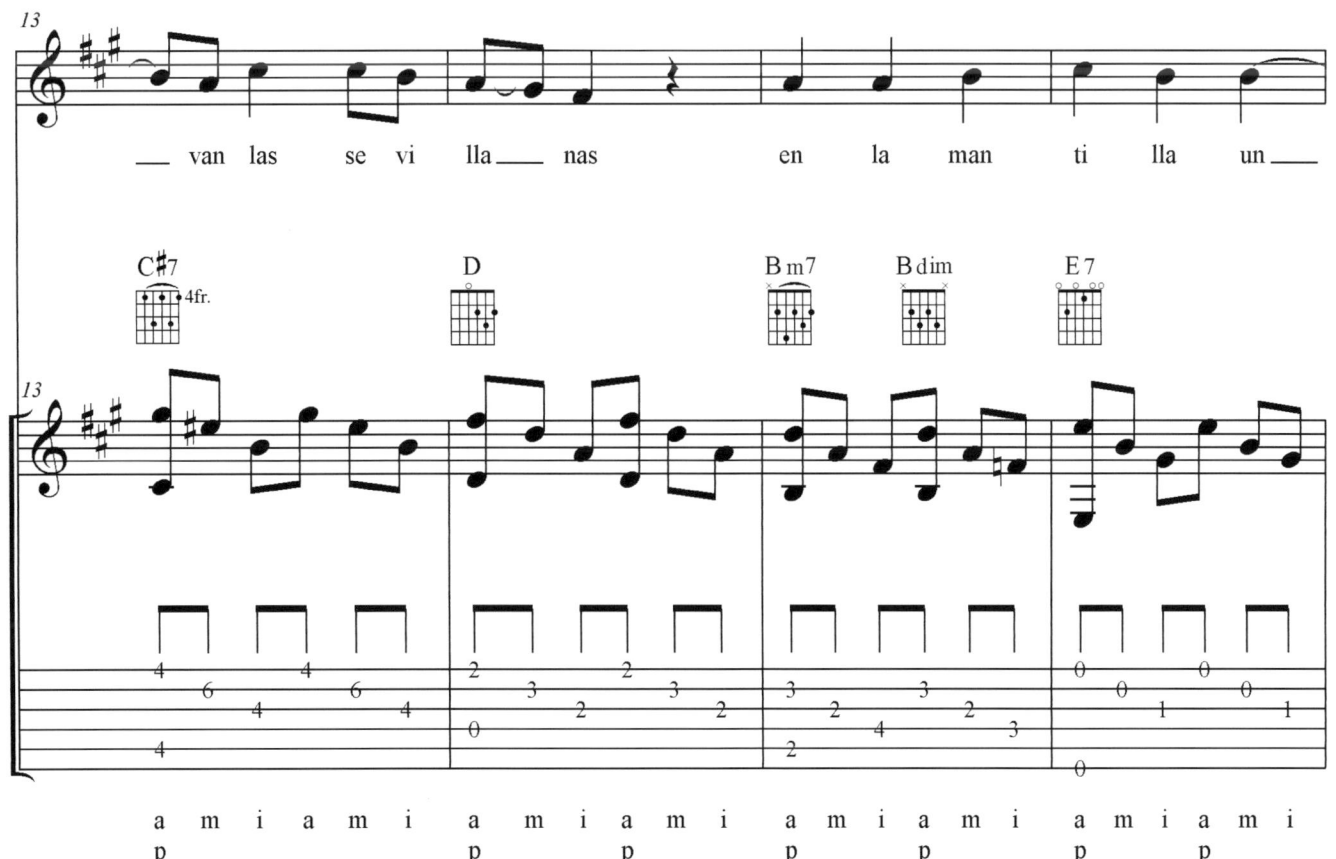

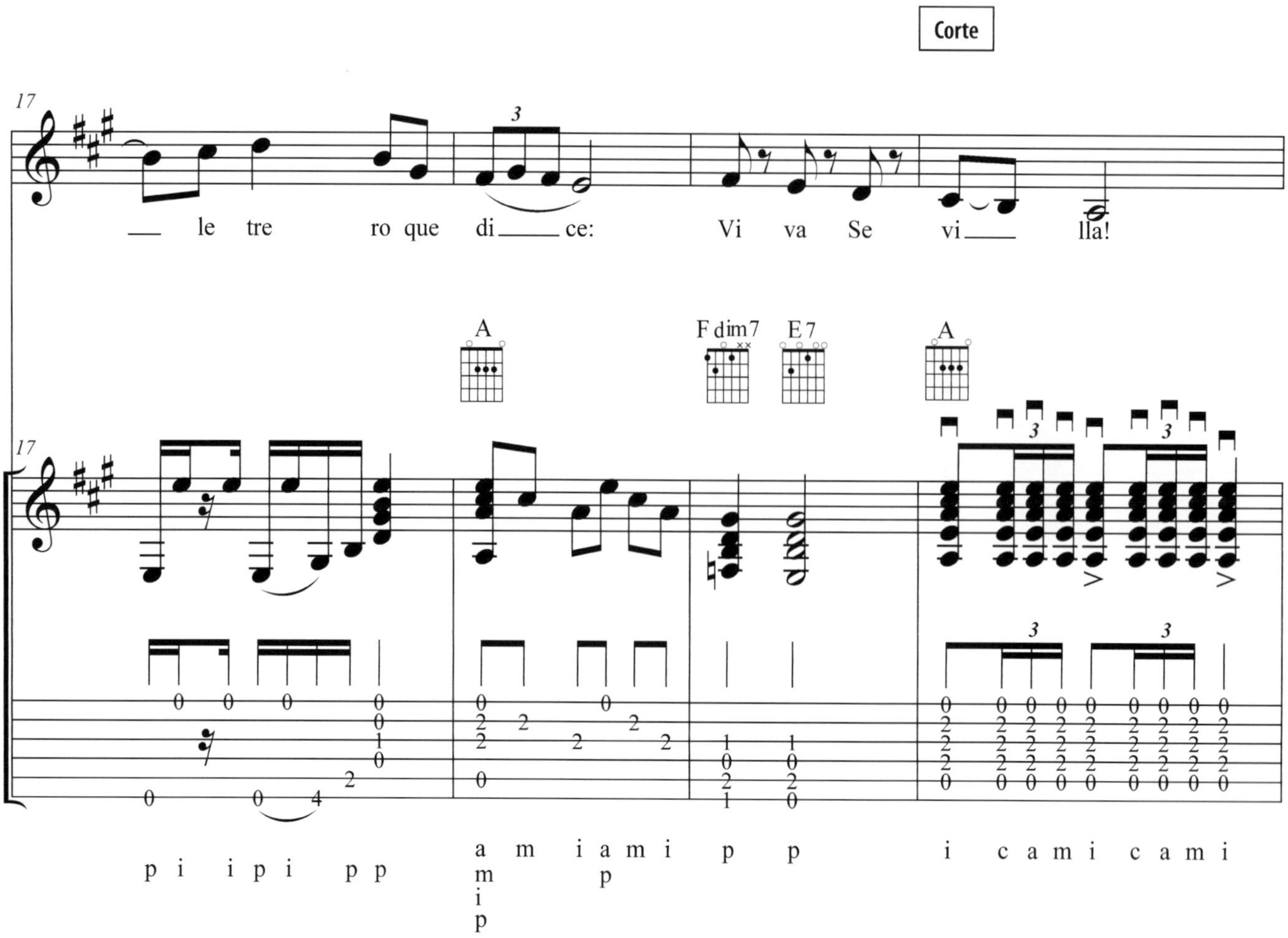
Corte
le tre ro que di ce: Vi va Se vi lla!
A
F dim7
E 7
A
p i i p i p p
a m i a m i p p i c a m i c a m i
m p
i
p

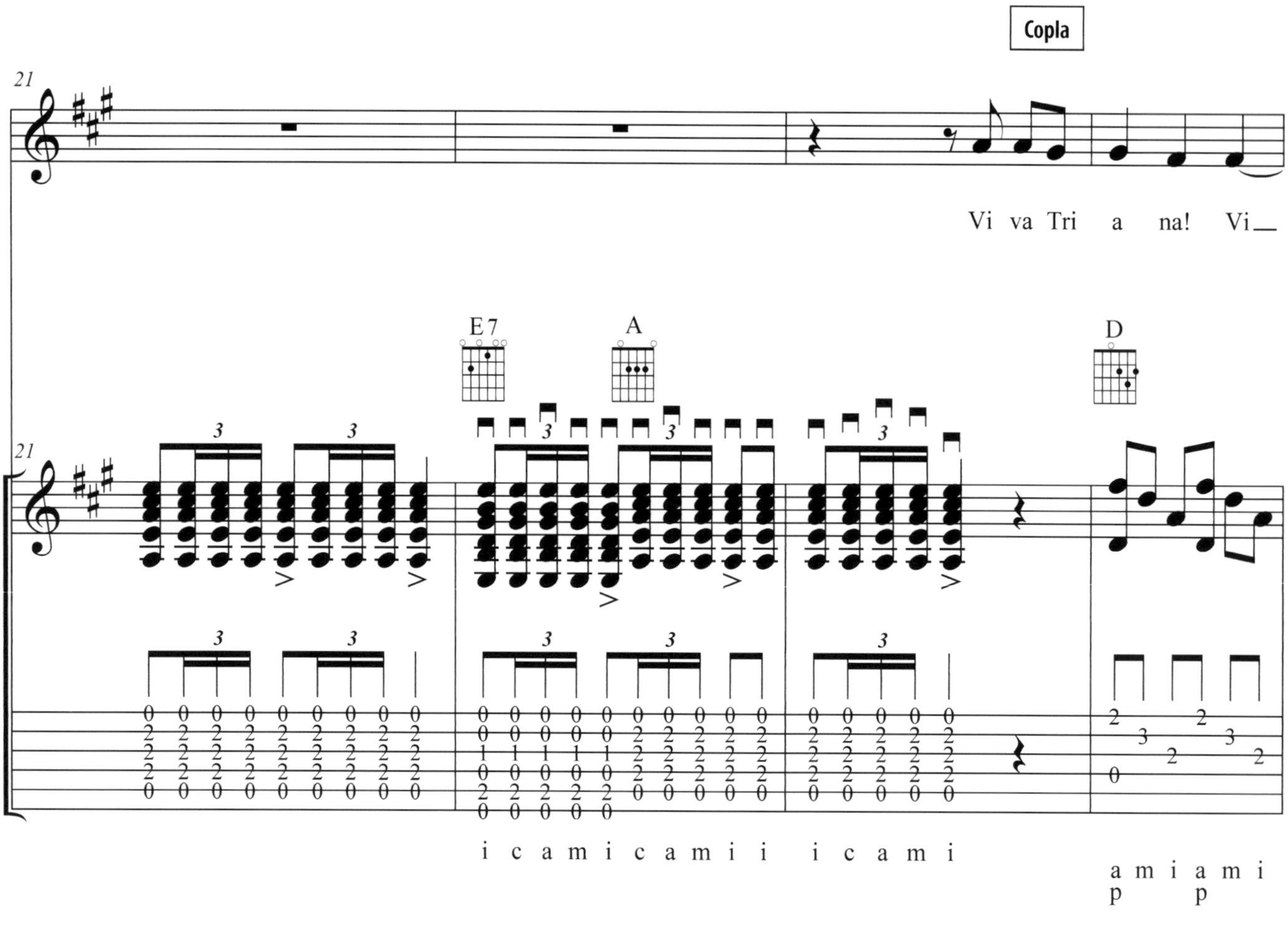
Copla
Vi va Tri a na! Vi
E 7
A
D
i c a m i c a m i i i c a m i
a m i a m i
p p

Vortragsstück • Sevillanas del siglo XViii

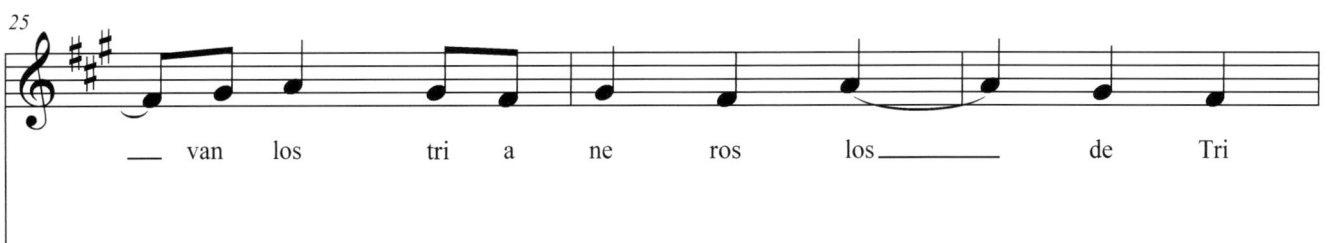
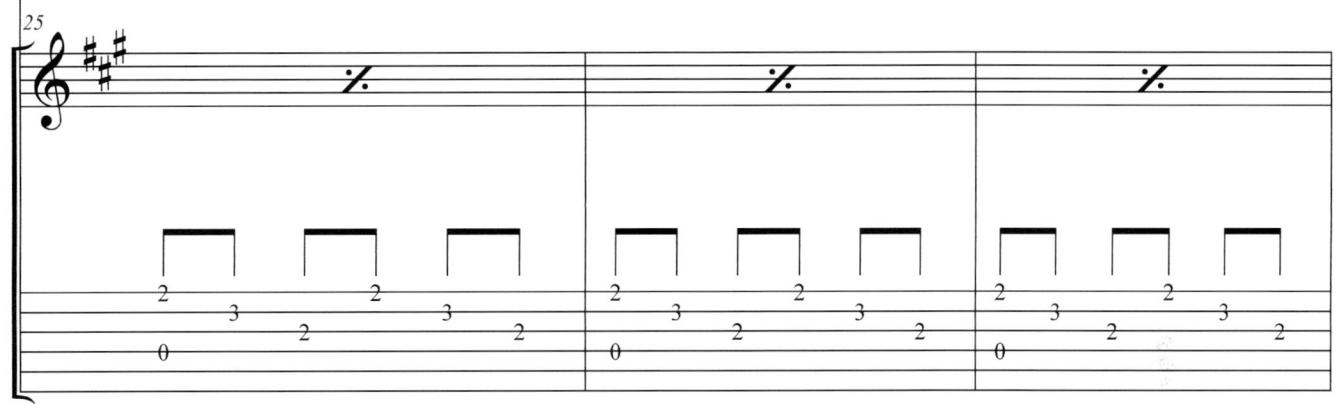

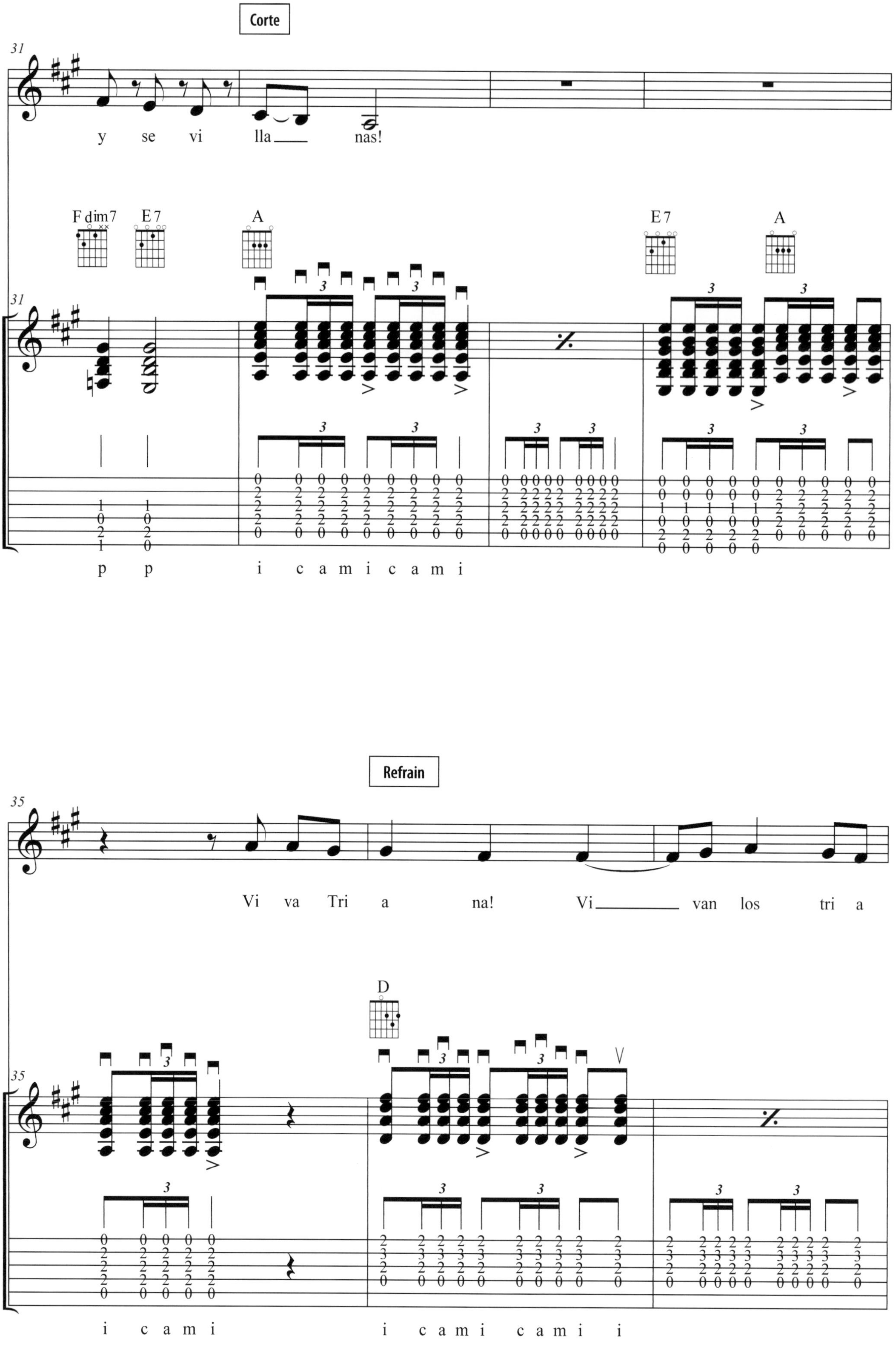

Der Flamenco Gitarrist

Corte

y se vi lla nas!

Refrain

Vi va Tri a na! Vi van los tri a

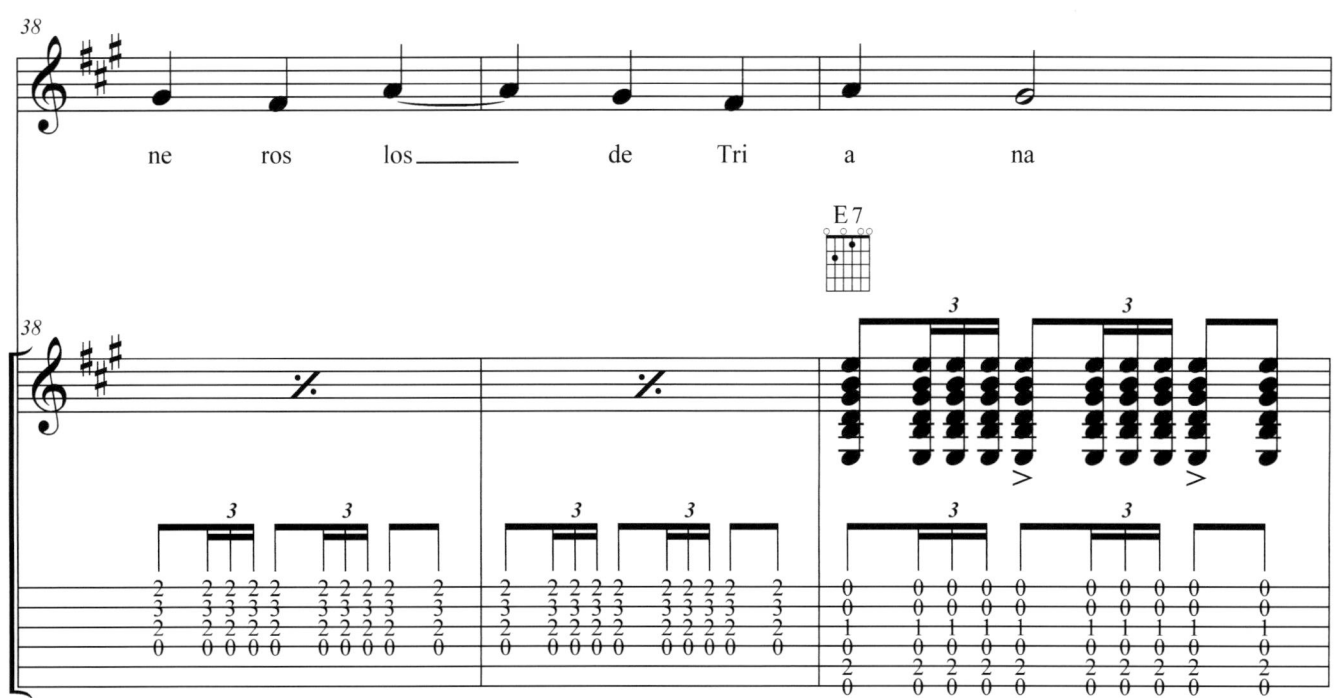
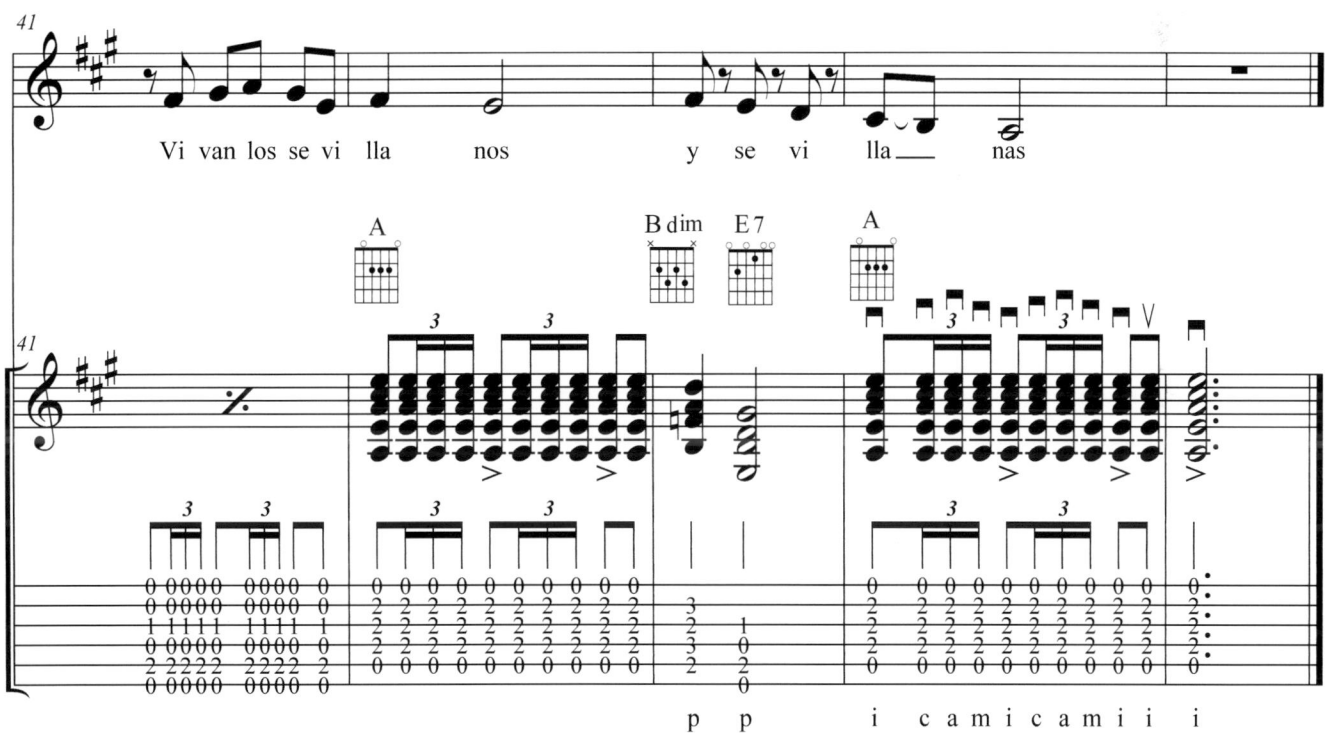

1. Strophe
Viva Sevilla! Viva Sevilla! Viva Sevilla!
Llevan las sevillanas en la mantilla un letrero que dice:
Viva Sevilla! Viva Triana! Vivan los trianeros, los de Triana!
Vivan los sevillanos y sevillanas!
Viva Triana! Vivan los trianeros, los de Triana!
Vivan los sevillanos y sevillanas!

2. Strophe
Lo traigo andado, lo traigo andado, lo traigo andado,
La Macarena y todo lo traigo andado;
Lo traigo andado, la Macarena y todo, lo traigo andado;
Lo traigo andado, cara como la tuya no la he encontrado;
Lo traigo andado, la Macarena y todo lo traigo andado;
Lo traigo andado, cara como la tuya no la he encontrado;
La Macarena y todo lo traigo andado.

3. Strophe
Qué bien pareces! Qué bien pareces! Qué bien pareces!
Ay, río de Sevilla, qué bien pareces!
Ay, río de Sevilla, qué bien pareces!
Qué bien pareces! Lleno de velas blancas y ramas verdes,
Ay, río de Sevilla, qué bien pareces!
Qué bien pareces! Ay, río de Sevilla, qué bien pareces!
Lleno de velas blancas y ramas verdes.

4. Strophe (= 1. Strophe)
Viva Sevilla! Viva Sevilla! Viva Sevilla!
Llevan las sevillanas en la mantilla un letrero que dice:
Viva Sevilla! Viva Triana! Vivan los trianeros, los de Triana!
Vivan los sevillanos y sevillanas!
Viva Triana! Vivan los trianeros, los de Triana!
Vivan los sevillanos y sevillanas!

El Adiós

Musik & Text: Traditional

Bearbeitung: Robert Collomb

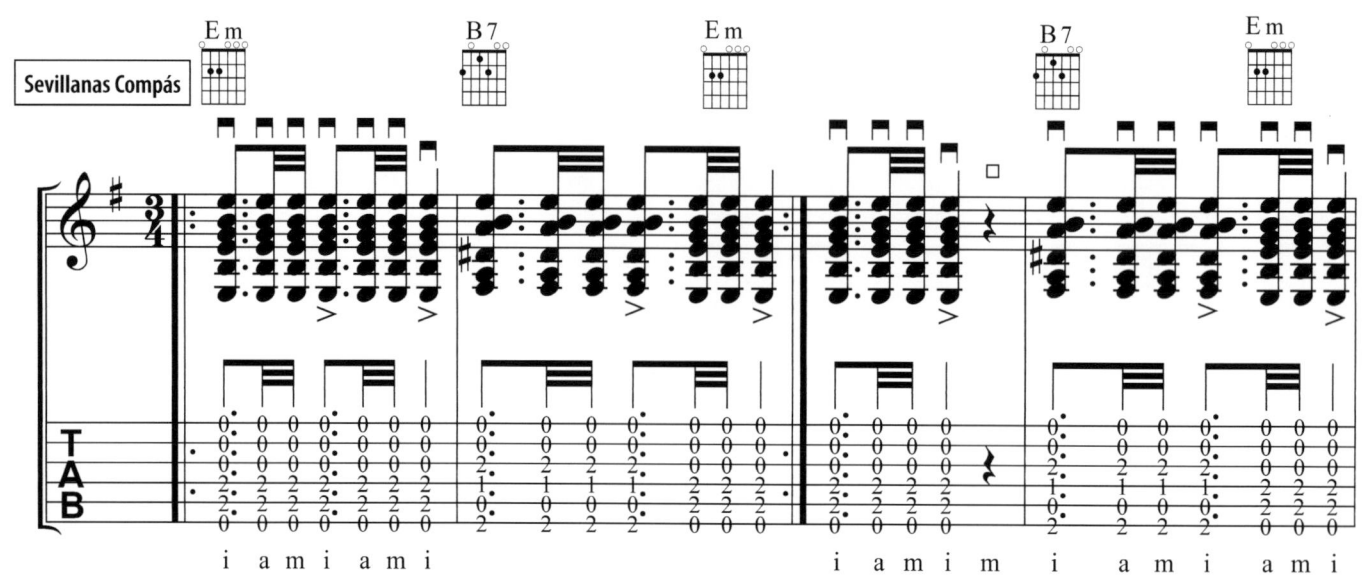

© Copyright 2010 by Alfred Publishing Verlags GmbH

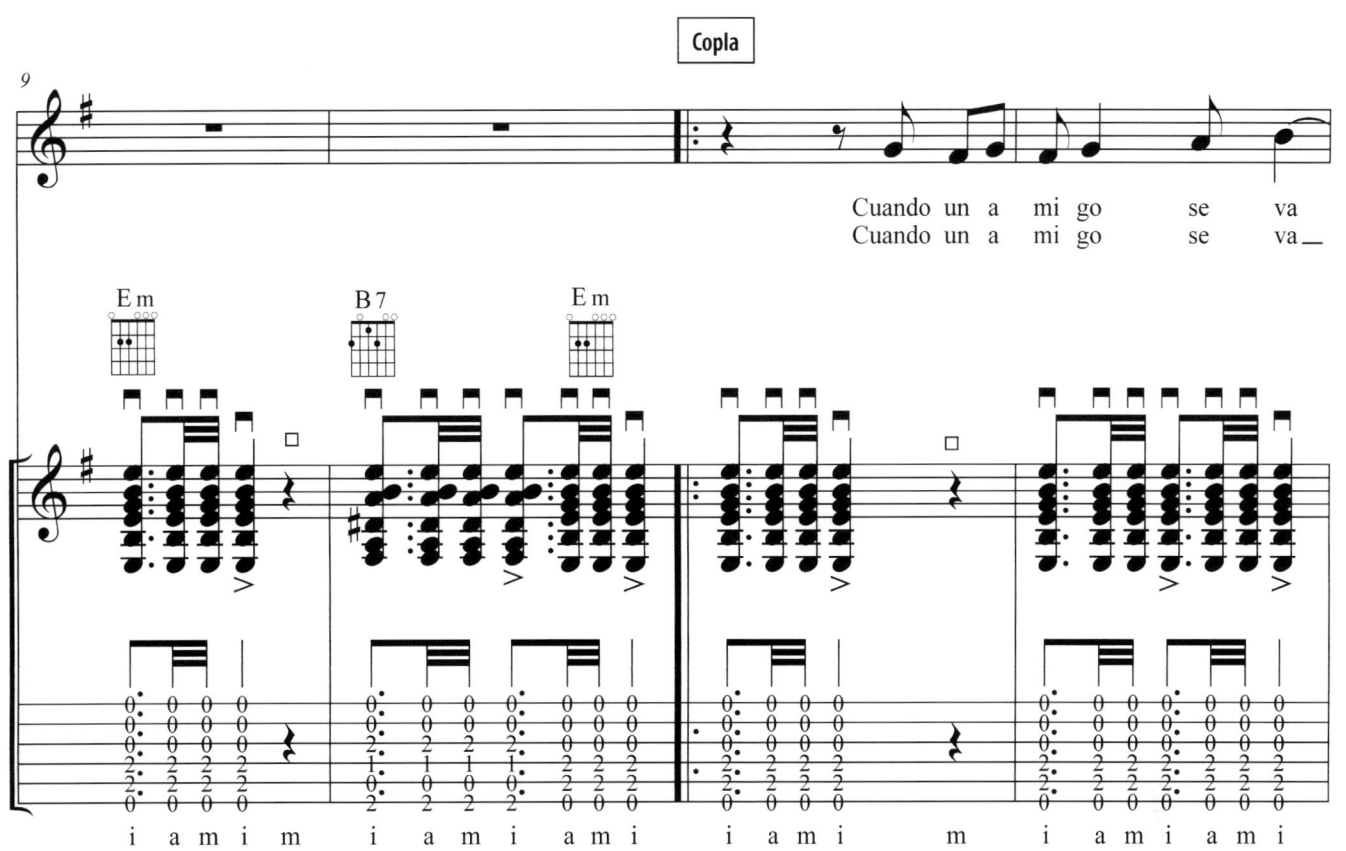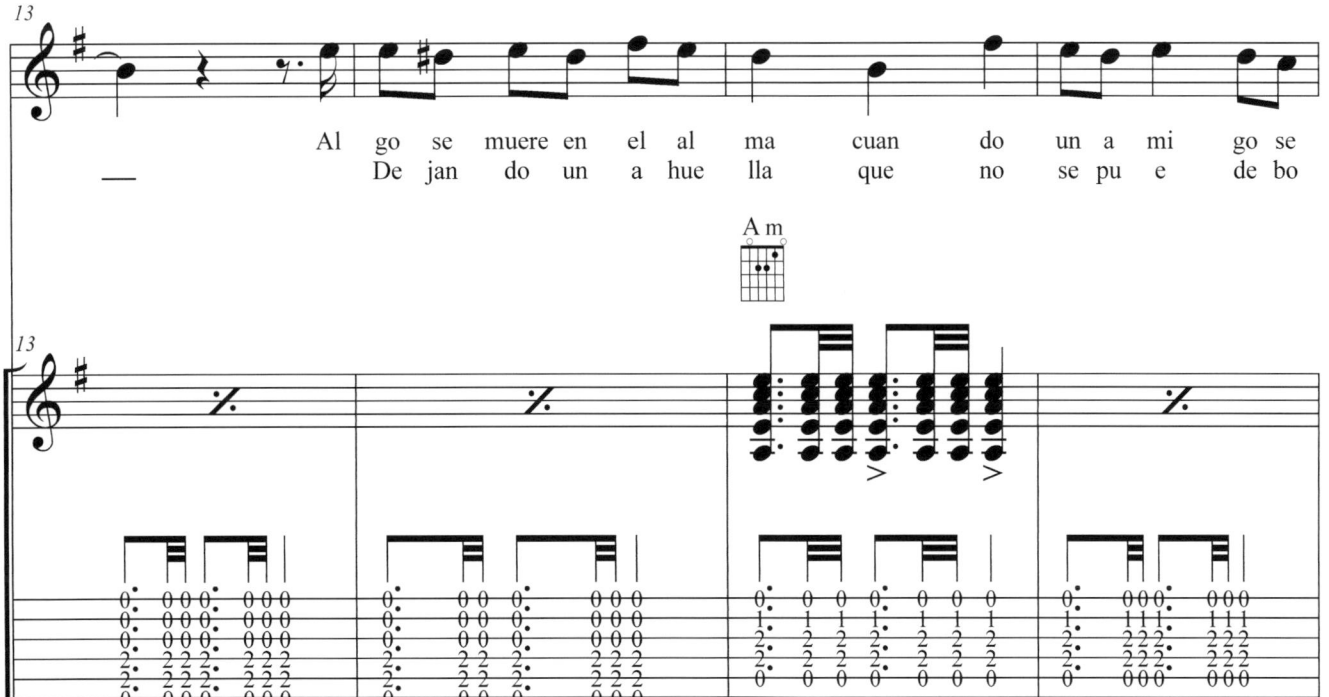

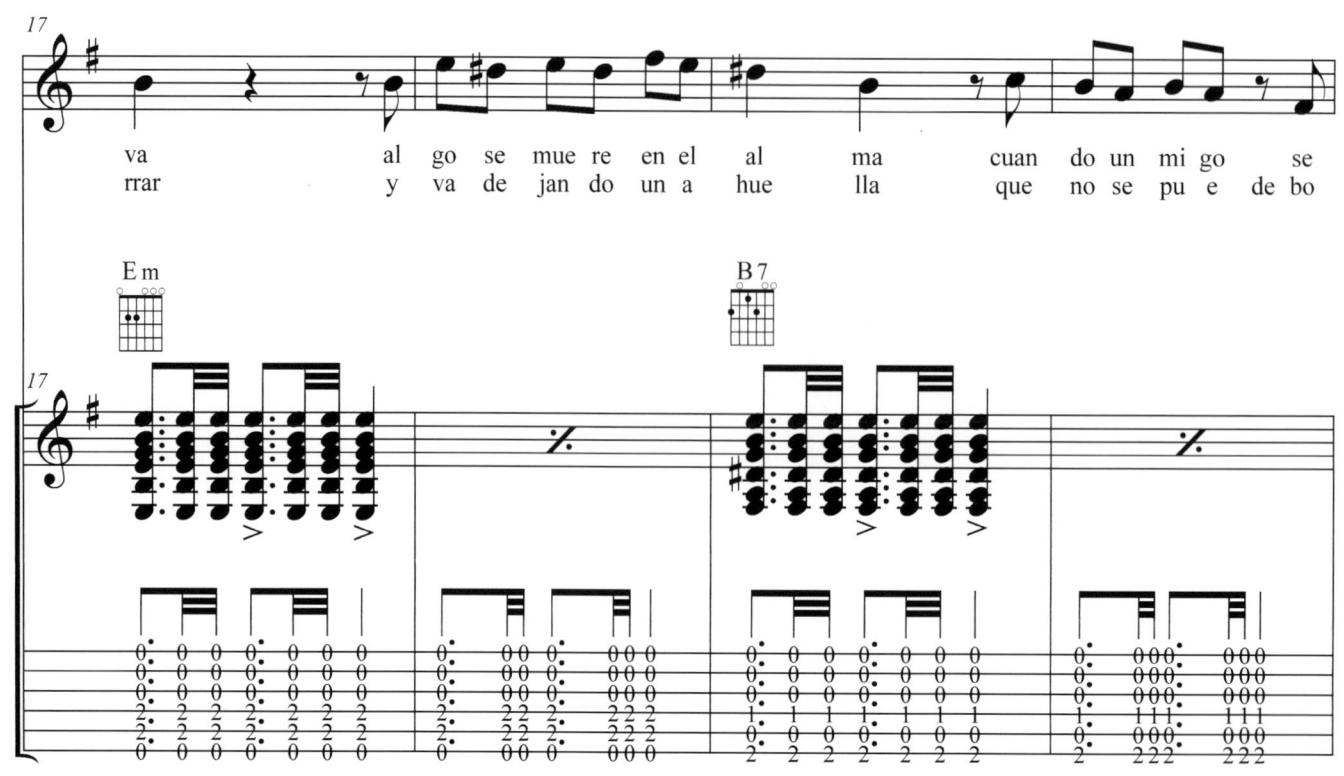
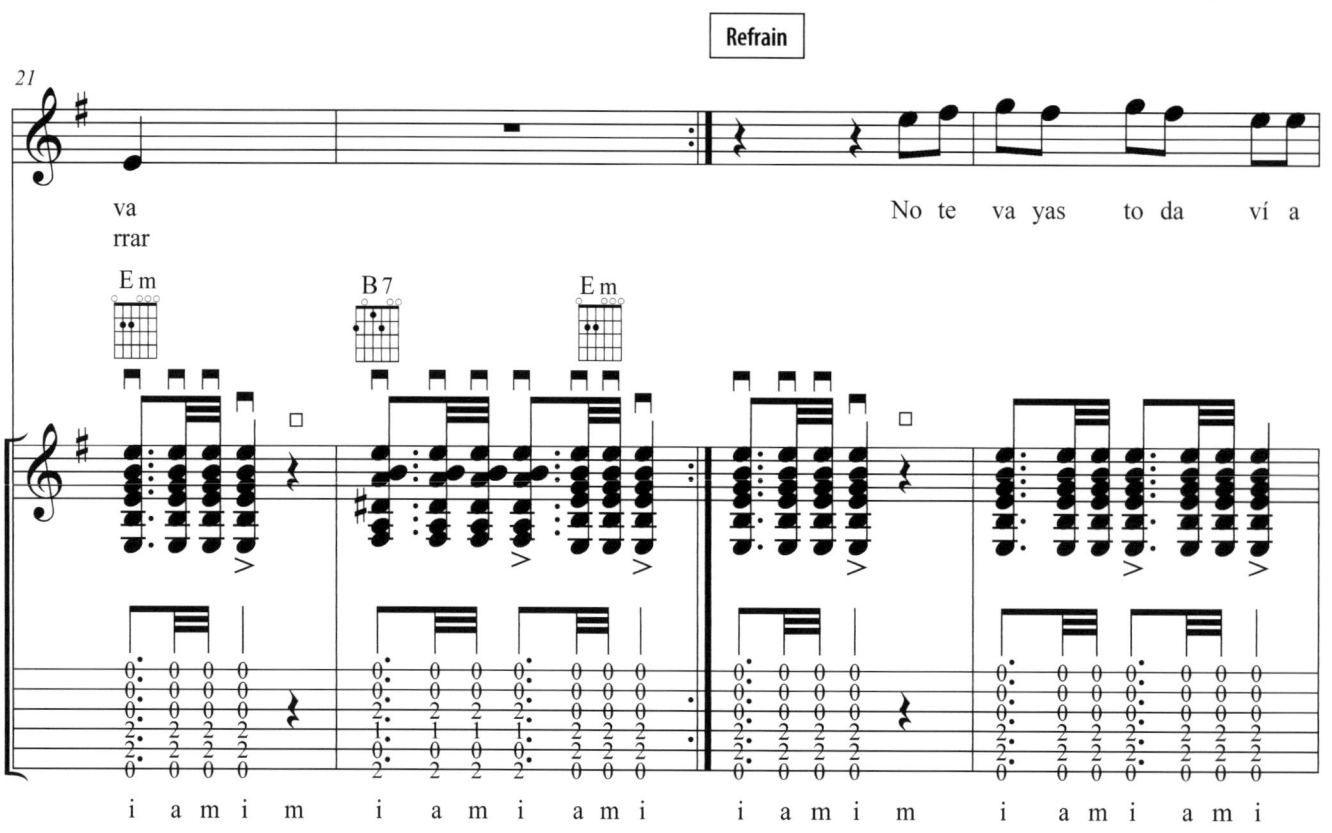

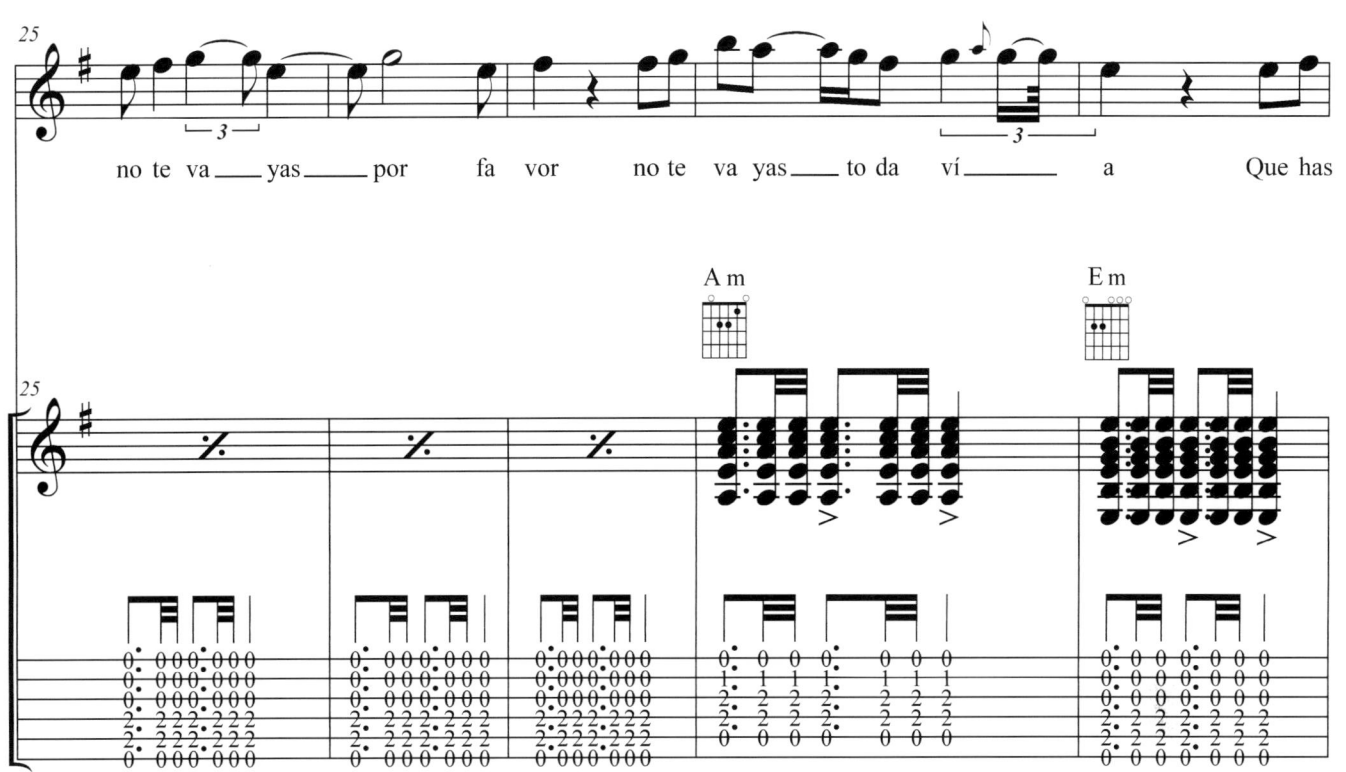
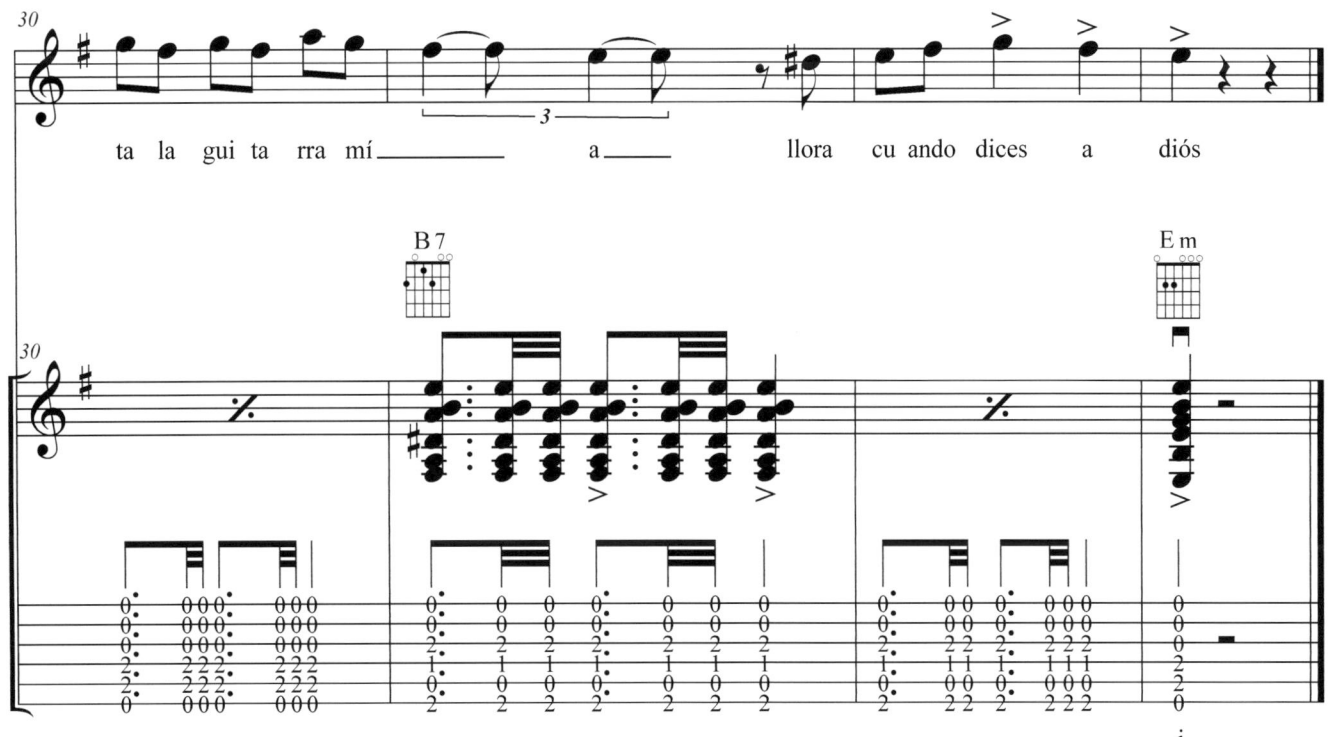

1. Strophe
Algo se muere en el alma cuando un amigo se va.
Cuando un amigo se va algo se muere en el alma.
Cuando un amigo se va algo se muere en el alma.
Cuando un amigo se va.
Cuando un amigo se va y va dejando una huella
Que no se puede borrar y va dejando una huella
que no se puede borrar.

Refrain
No te vayas todavía, no te vayas por favor.
No te vayas todavía que hasta la guitarra mía
Llora cuando dices adiós.

2. Strophe
Un pañuelo de silencio a la hora de partir.
A la hora de partir un pañuelo de silencio.
A la hora de partir un pañuelo de silencio.
A la hora de partir.
Y a la hora de partir porque hay palabras que hieren
Y no se deben decir porque hay palabras que hieren
Y no se deben decir.
Refrain

3. Strophe
El barco se hace pequeño cuando se aleja en el mar.
Cuando se aleja en el mar el barco se hace pequeño.
Cuando se aleja en el mar el barco se hace pequeño.
Cuando se aleja en el mar.
Cuando se aleja en el mar y cuando se va perdiendo
Que grande es la soledad y cuando se va perdiendo
Que grande es la soledad.
Refrain

4. Strophe
Ese vacío que deja el amigo que se va.
El amigo que se va ese vacío que deja.
El amigo que se va ese vacío que deja.
El amigo que se va.
El amigo que se va es como un pozo sin fondo
Que no se vuelve a llenar es como un pozo sin fondo
Que no se vuelve a llenar.
Refrain

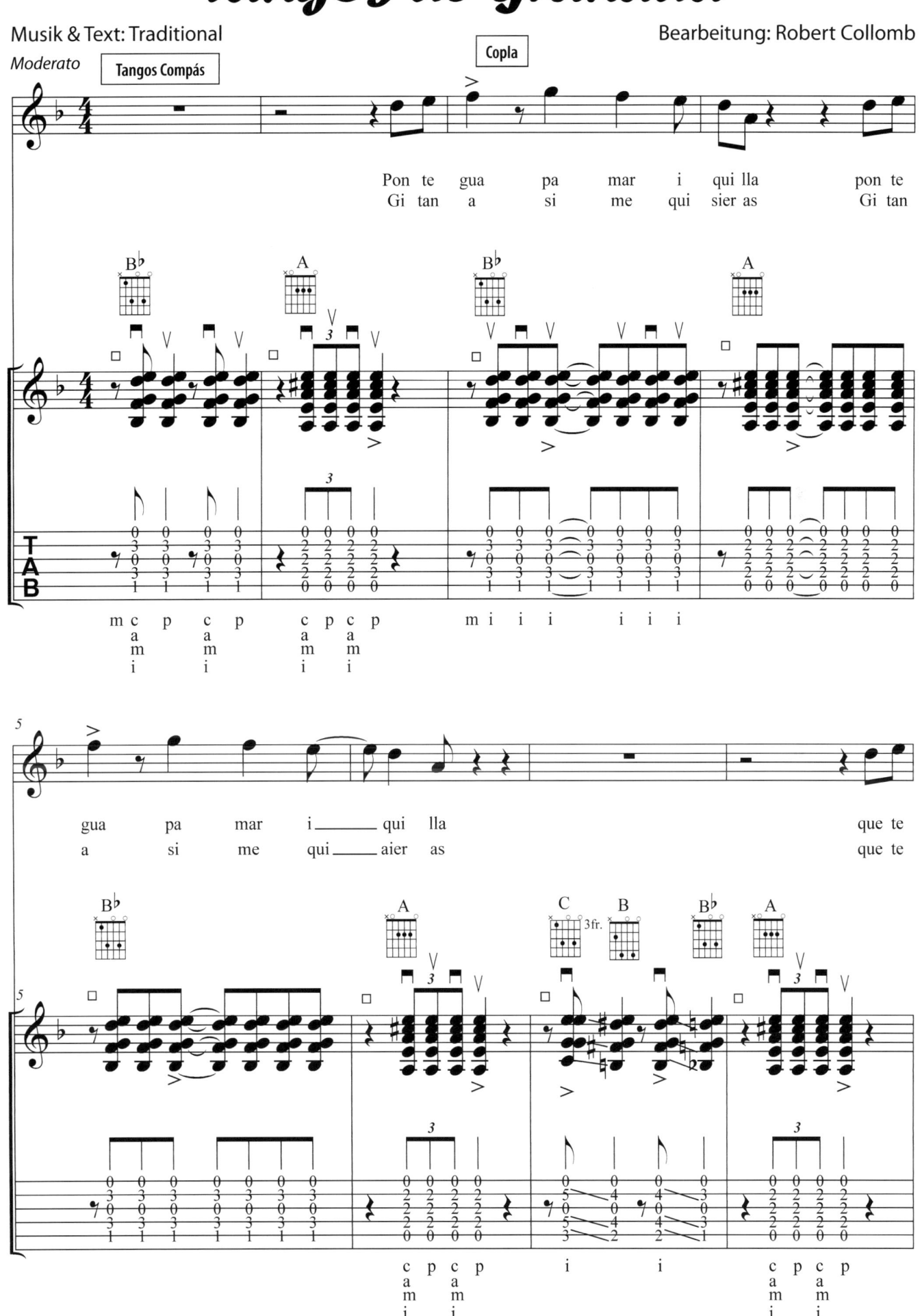

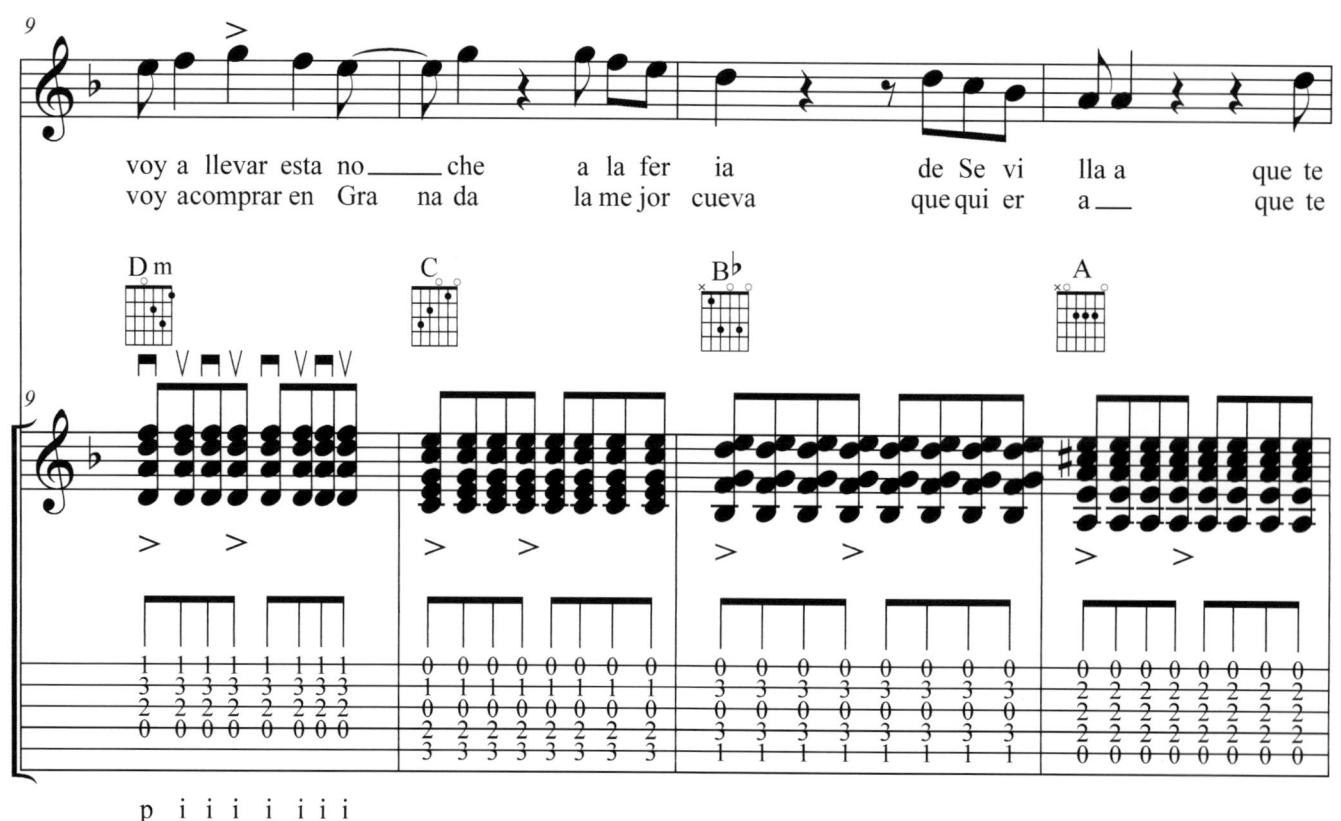
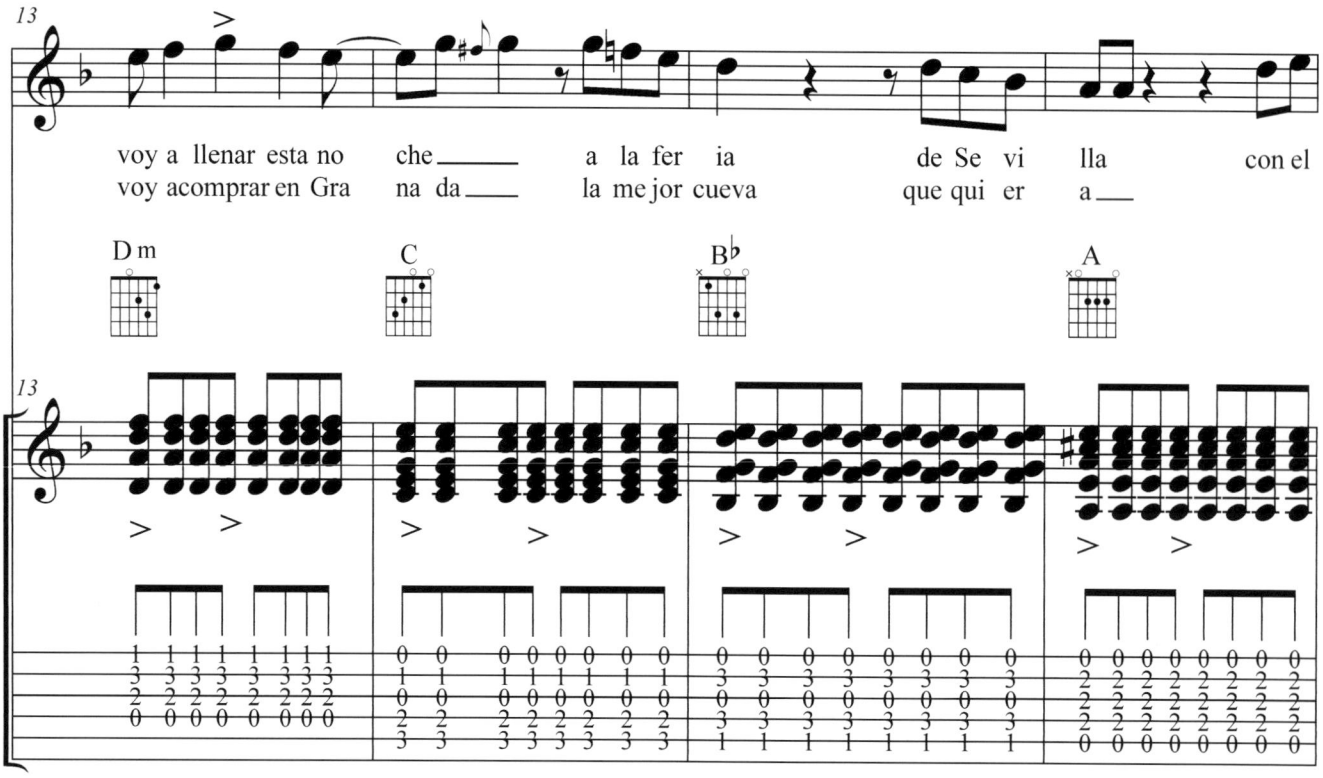

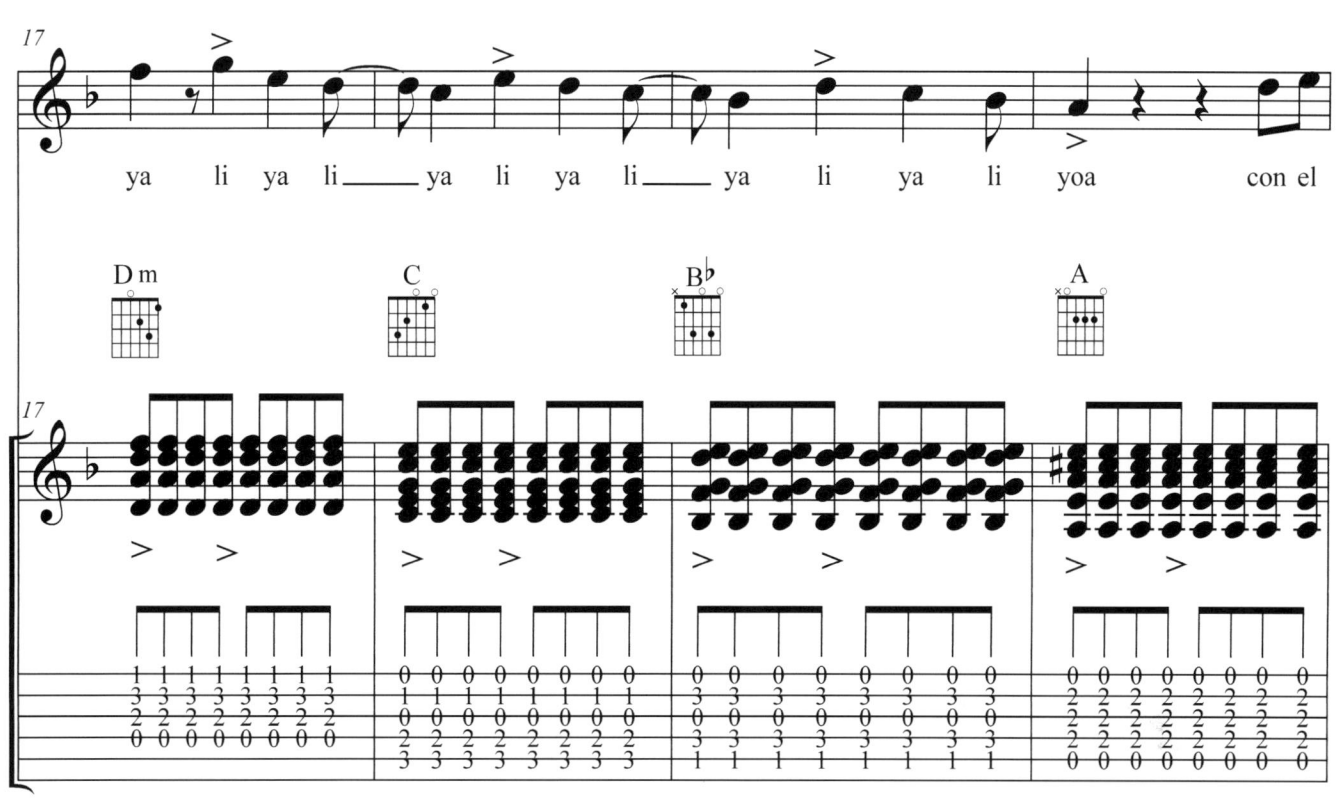
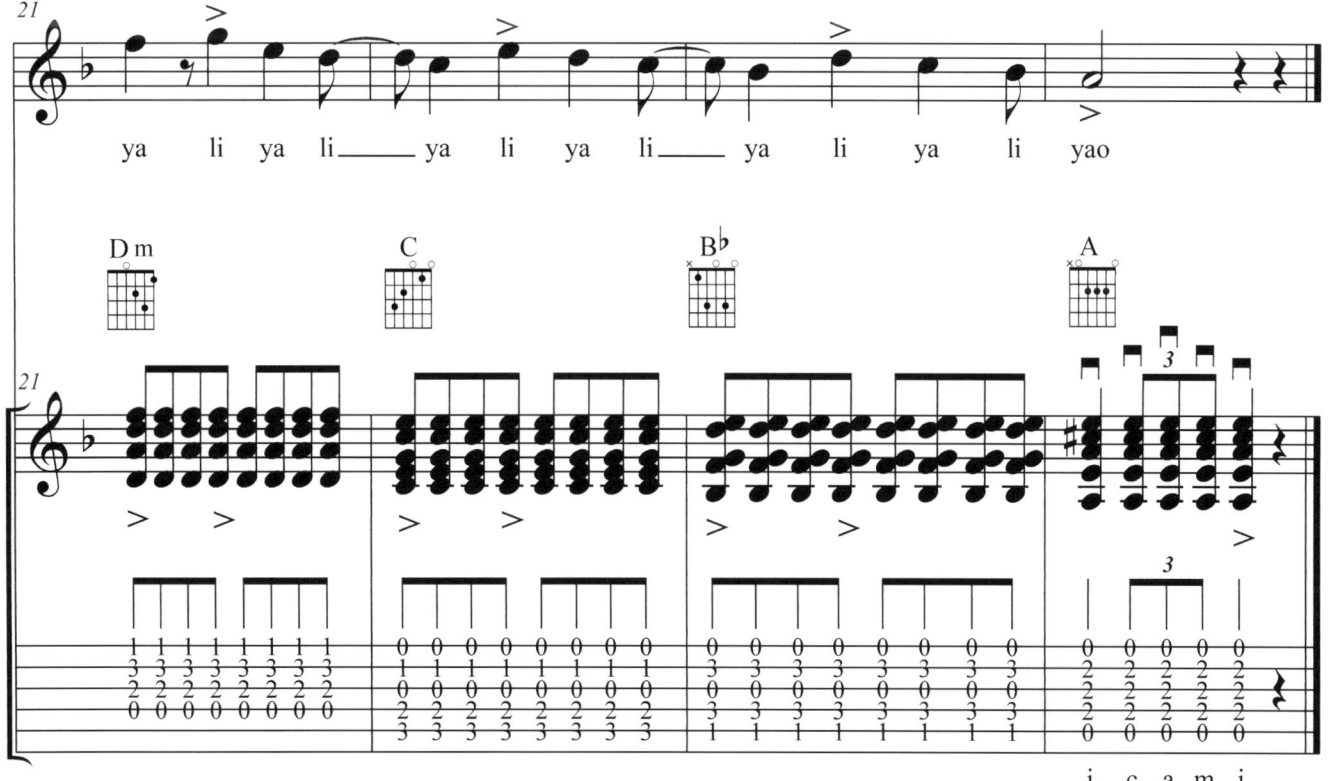

DVD-Übersicht

1 Basics
1.1 Die Haltung
1.2 Golpe
1.3 Voicing – Melodiespiel
1.4 Apoyando
1.5 Picado
1.6 A Palo Seco
1.7 Arpeggio
1.8 Ligado
1.9 Rasgueado
1.10 Abanico
1.11 Harmonien – Akkordfolgen
1.12 Der Kapodaster

2 Tangos
2.1 Tangos Compás Übung 1 Teil A
2.2 Tangos Compás Übung 1 Teil B
2.3 Tangos Compás Übung 1 Teil C
2.4 Falseta
2.5 Llamada & Corte
2.6 Copla
2.7 Falseta & Escobilla
2.8 Die komplette Falseta
2.9 Subida Teil B
2.10 *Tangos de Triana*

3 Farruca
3.1 Farruca Compás Übung 1 Teil B
3.2 Farruca Compás Übung 1 Teil C
3.3 Übung 2 Respuesta
3.4 Llamada Teil A
3.5 Llamada Teil B
3.6 Llamada Teil C
3.7 Copla
3.8 Falseta & Escobilla Teil A
3.9 Falseta & Escobilla Teil B
3.10 Falseta & Escobilla Teil C
3.11 *Farruca*

4 Sevillanas
4.1 Sevillanas Compás Übung 1 Teil A
4.2 Sevillanas Compás Übung 1 Teil B
4.3 Sevillanas Compás Übung 1 Teil C
4.4 Sevillanas Compás Übung 1 Teil D
4.5 Corte Teil A
4.6 Corte Teil B
4.7 Copla
4.8 Refrain
4.9 *Luna y Romero*

5 Variationen
5.1 Tangos Compás Variation
5.2 Rumba
5.3 Tangos Falseta Variation
5.4 Outro

Sie interessieren sich für Flamenco-Workshops?

Robert Collomb, Autor, Flamencogitarrist und Lehrer, bietet regelmäßige Flamenco-Workshops für Gitarre mit und ohne Tanz und/oder Gesang an.

La Introducción
Für Einsteiger, Dauer: 3 Std.
Voraussetzungen: Vier Grundakkorde!
Workshop für komplette Flamenco-Anfänger und Gitarren-Einsteiger.
La Introducción bietet einen transparenten Einblick in das Spiel der Flamenco-Gitarre. Im Vordergrund steht die Vermittlung der Flamenco-Spieltechniken. Während des Workshops werden Sie sich mehr und mehr in der Welt des Flamenco zuhause fühlen.
Mitbringen: Klassische Gitarre, Buch „Der Flamenco Gitarrist" und Kapodaster.

El Profesor
Für Gitarrenlehrer, Dauer: 3 Std.
Es ist immer attraktiv für Gitarrenlehrer, möglichst viele Stile und Aspekte der Gitarre im Unterricht anbieten zu können. *El Profesor* legt den Schwerpunkt auf die Methodik, die dem Buch „Der Flamenco Gitarrist" zugrundeliegt, damit Gitarrenlehrer – auch ohne ausgebildete Flamenco-Gitarristen zu sein – diesen Stil effektiv für interessierte Schüler anbieten können.
Mitbringen: Klassische Gitarre, Buch „Der Flamenco Gitarrist" und Kapodaster.

El Acompañante
Für alle, Dauer: 3 Std.
El Acompañante legt den Schwerpunkt auf die Umsetzung der Flamencotechniken in die Spielpraxis. Mit Live-Gesang und Tanz werden authentische Erfahrungen mit der Flamencobegleitung gesammelt.
Mitbringen: Klassische Gitarre, Buch „Der Flamenco Gitarrist" und Kapodaster.

NAME: _____

STRASSE: _____

PLZ: _____

ORT: _____

TEL.: _____

FAX: _____

EMAIL: _____

Ich interessiere mich für Robert Collombs

☐ EINSTEIGER-Workshop *La Introducción*.

☐ GITARRENLEHRER-Workshop *El Profesor*.

☐ Workshop *El Acompañante* zur Begleitung von TANZ/GESANG.

Bitte ausfüllen und schicken an:

**Alfred Music Publishing GmbH
Stichwort: Flamenco-Workshop
Lützerathstraße 127
D-51107 Köln
Fax +49 (0) 221 933 539 16
Email: workshop@alfredverlag.de**

Volker Saure

GARANTIERT KONZERTGITARRE LERNEN

Band 1

in anfängergerechtem Tempo — CD

Spielerisch leicht lernen
ohne Vorkenntnisse
für Anfänger und Wiedereinsteiger
für Einzel- und Gruppenunterricht
für alle Altersstufen
mit Internet Unterstützung

KAUFBERATUNG
DIE RICHTIGE HALTUNG
NOTEN LESEN LEICHT GEMACHT
MIT DEM PIZZA-PRINZIP
DER WECHSELSCHLAG
EINSTIMMIGES SPIEL
ZWEISTIMMIGES SPIEL
LAGENSPIEL
ARPEGGIOSPIEL
LIEDBEGLEITUNG
46 GITARRENDUOS
KLEINES LEXIKON

Alfred

Volker Saure
GARANTIERT KONZERTGITARRE LERNEN BAND 1: ISBN 978-3-933136-31-2
GARANTIERT KONZERTGITARRE LERNEN BAND 2: ISBN 978-3-933136-56-5

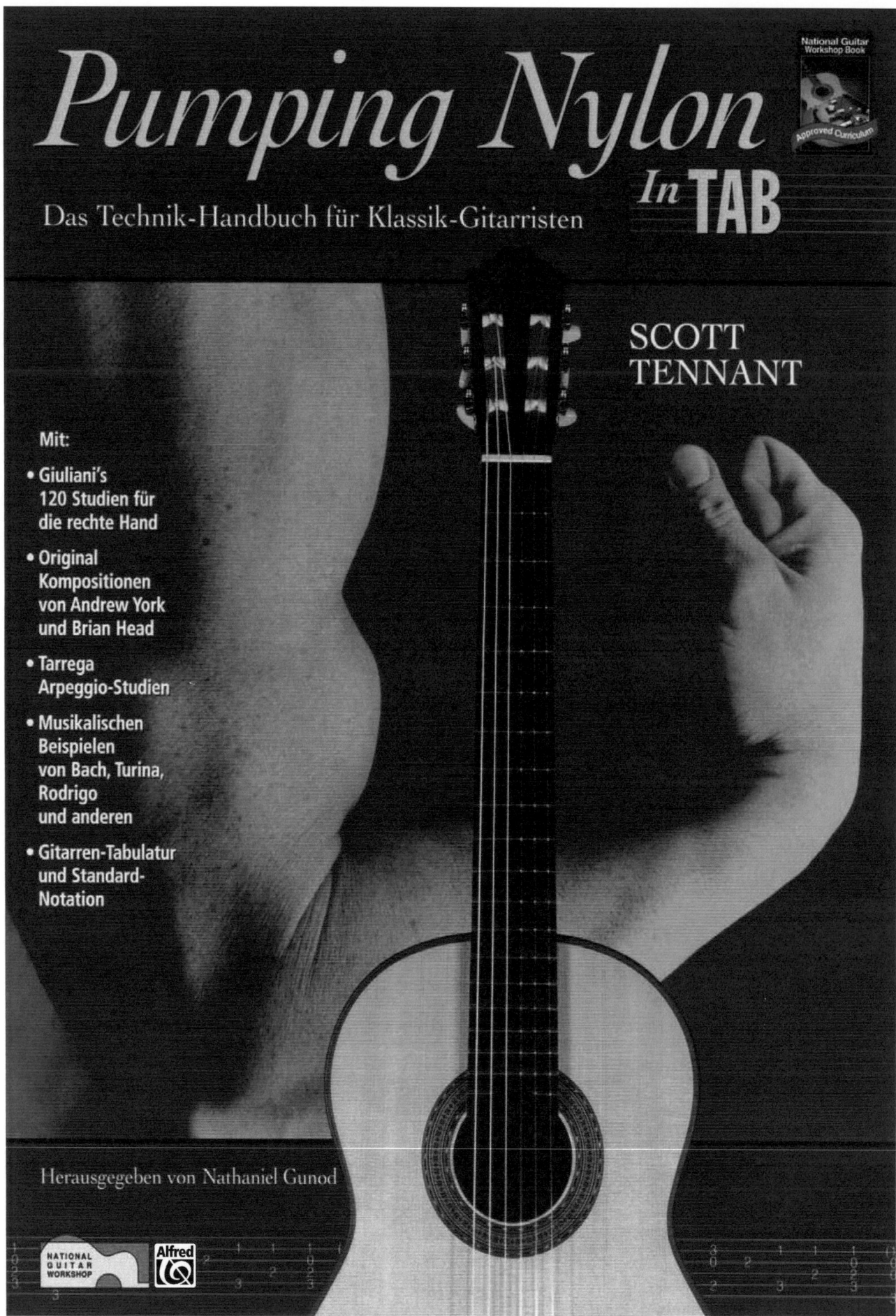

Scott Tennant
PUMPING NYLON IN TAB: ISBN 978-3-933136-04-6

Gypsyjazz Guitar

Bertino Rodmann

Volume 1

– A Tribute to Gypsyjazz –

Einführung in den Stil des Jazzmanouche

Alfred

Bertino Rodmann
GYPSYJAZZ GUITAR VOLUME 1: ISBN 978-3933136-86-2

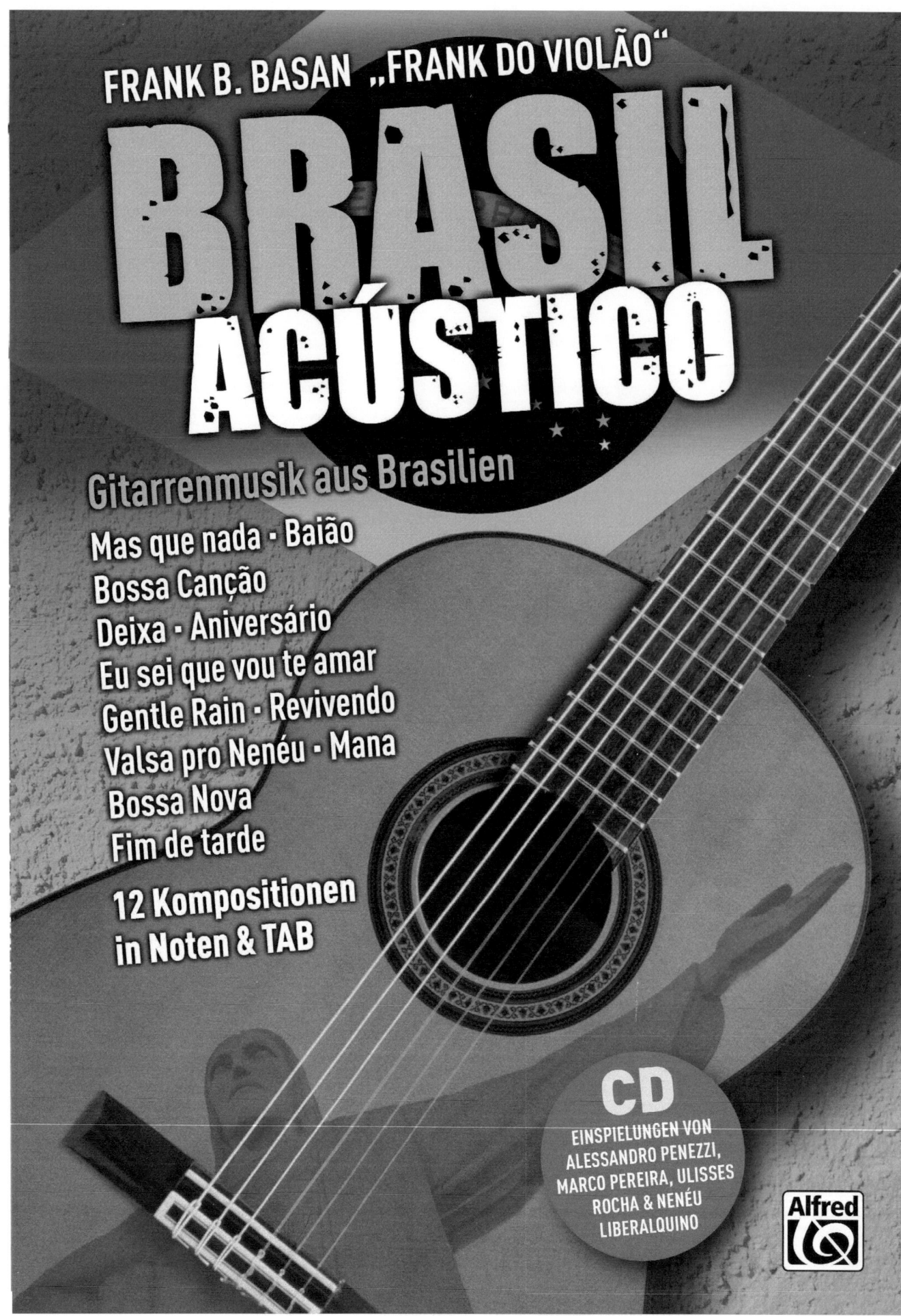

Frank B. Basan
Brasil Acústico: ISBN 978-3-943638-14-1